30초 안에 '지적인 사람'으로 보이는 방법

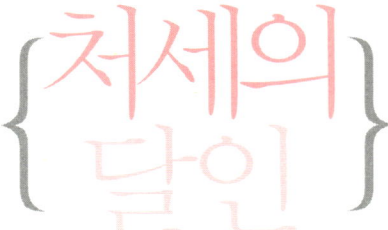
{ 처세의 달인 }

"AKUMA NO SHOSEIJUTSU" by Yoshihito Naito
Copyright ⓒ 2007 Yoshihito Naito.
All rights reserved.
Original Japanese edition published by Kawade Shobo Shinsha, Publishers, Tokyo.
This Korean edition published by arrangement
with Kawade Shobo Shinsha, Publishers, Tokyo in care of Tuttle-Mori Agency, Inc.,
Tokyo through Enters Korea Co., Ltd., Seoul.

이 책의 한국어판 저작권은 (주)엔터스코리아를 통해 저작권자와 독점 계약한
도서출판 새론북스 에 있습니다.
신 저작권법에 의하여 한국 내에서 보호를 받는 저작물이므로
무단전재와 무단복제를 금합니다.

30초 안에 '지적인 사람'으로 보이는 방법

{처세의 달인}

나이토 요시히토 지음 | 황정순 옮김

새론북스

처음에

언제부터인가 서점에 가면 '머리가 좋아지는 공부 방법', '기억력이 좋아지는 비법', '속독을 배우면 유리하다' 등등 언뜻 보아도 당장 도움이 될 듯한 내용을 담은 책들이 넘쳐나는 것을 볼 수 있다.

현대를 살아가는 비즈니스맨들은 배움에 대한 열정만큼은 어느 누구에게도 뒤지지 않을 정도다.

때문에 이런 실용서들은 그들의 마음을 사로잡기에 충분하며 실제로 도움도 줄 만하다.

그러나 나와 같은 사람들, 이를테면 '가능하면 불필요한 책에는 눈길조차 주고 싶지 않아!' 하는 식으로 생각하는 사람들의 시점에서 볼 때, 정말로 읽고 싶은 것은 다음과 같은 내용이 담긴 책들일 것이다.

분명 당신도 내심 이런 마음으로 책을 기다리고 있을지도 모른다.

(1) 이제 와서 공부를 하고 싶은 마음은 추호도 없다.
(2) 머리가 비었다는 평가를 받고 싶지는 않다.
(3) 주위 사람들로부터 "지적인 사람이다"라는 평가를 받는 정도면 충분하다.

이 책은 바로 위와 같은 목적으로 집필한 것이다.

지금까지 공부 비법을 다룬 책에서 흔히 접해왔으며 빼놓을 수 없는 단어였던 '노력'과 '끈기'는 전혀 필요하지 않다. 이 책을 끝까지 읽을 수 있는 여력이 조금만 남아 있다면, 순식간에 '지성'을 '위장'할 수 있는 수단을 터득하게 될 것이다.

그 전에 확실하게 짚고 넘어가야 할 부분이 있다. 이 책에서 보여주는 내용들은 어디까지나 '위장'일 뿐이라는 것,

최상급의 실력을 원하는 독자들에게는 부적당하다는 것을 미리 말해두고 싶다. 만약 높은 완성도를 갖춘 공부 비법을 기대한

다면 당신의 기대는 송두리째 무너질 것이다.

학창 시절, 머리에 수건을 동여매고 열심히 공부했던 독자들이라면 더이상 주저하지 말고 이 책을 덮는 게 현명하다.

여기서 굳이 나의 마음을 밝히자면, 요령껏 시험에 대처하면서 꾀라는 꾀는 다 부려보았던, 또한 아주 자연스럽게 커닝도 마다하지 않았던 '그들'이 읽어주길 바란다.

'지성'이란 '위장'이 가능하며 '연출'할 수 있는 것이다.

당신이 '지성'을 어느 정도 갖추고 있는지는 알 수 없다. 그러나 그런 것들은 여기서 문제가 되지 않는다. 왜냐하면 지성이란 얼마든지 '부풀릴 수 있는 것'이기 때문이다.

자칭 머리가 나쁘다며 스스로 포기한 독자들은 이제부터 안심해도 된다. 그저 이 책에서 말한 그대로 충실하게 지켜주기만 한다면, 지금 당장 당신에 대한 평가는 급상승할 것이다.

주위 사람들로부터 "머리가 뛰어나다"는 평가를 받으며 웃음을 참지 못하게 될 것이다.

사회생활을 하면서 그런 평가는 의외로 중요하다.

이 책에서 보여주는 테크닉 중 많은 부분이 실제로 지금까지 필자가 겪어온 것들이므로, 그 평가는 확실하다고 자신한다.

솔직히 말하자면, 별로 다른 사람에게는 가르쳐주고 싶지 않은 비전의 테크닉이다.

물론, 한 권으로 묶어서 소개를 한다는 것이 약간 아깝다는 생각도 없진 않지만, 그런 생각은 훌훌 털어버리고 모든 것을 다 풀어놓을 작정이다.

지금은 마지막까지 당신이 같이하길 바라는 마음뿐이다.

나이토 요시히토

처음에 ● 4

제1장 이제부터는 지성을 연출하는 시대

1. 왜 지성을 어필해야만 하는가? ● 13

2. '머리의 회전력'은 30초 만에 들통난다 ● 16

3. 외모는 당신을 대변한다 ● 19

4. 일단 도서관과 친해져라 ● 22

5. 민첩한 동작은 두뇌 회전과 연관 있다 ● 25

6. 엄청난 스피드로 키보드를 두드려라 ● 28

7. "난 잠을 자지 않아도 멀쩡해"라고 어필하라 ● 31

8. 100명의 지인들 ● 34

9. 최대한 지위가 높은 직함을 가져라 ● 37

COLUMN : 상대방과의 거리는 당신의 지성과 깊은 관계가 있다

제2장 평범한 대화 속에서도 당신의 지성을 느낄 수 있도록 만드는 비법

1. 모르는 분야가 나오면 화제를 바꿔라 ● 43

2. 기운차게 단번에 밀어붙이고 끝내라 ● 46

3. 이해할 수 없는 단어들을 섞어서 말하라 ● 49

4. 상대방의 의견에 살짝 불만을 표시하라 ● 52

5. 당한 만큼 그대로 돌려줘라 ● 56

6. 아무도 입에 담지 못하는 의견을 말하라 ● 59

7. 아무도 흥미를 갖지 않는 것들을 배워라 ● 62

8. 모르는 질문이라도 무조건 대답하라 ● 65

9. 상관없는 지식을 이용해서라도 대응하라 ● 68

COLUMN : 안경을 써라

제3장 지성을 단번에 높이는 테크닉

1. 학력을 유머러스하게 바꿔보라 ● 74

2. 과거의 성공 실적을 은근히 자랑하라 ● 77

3. 호리호리한 체형을 유지하라 ● 80

4. '크게' 소리 내어 웃어라 ● 83

5. 상대방의 눈을 보면서 이야기하라 ● 86

6. 재치를 멋있게 살려라 ● 89

7. "아자, 난 할 수 있어!"라고 외치면서 일하라 ● 92

8. 서투른 것일지라도 적극적인 태도를 보여라 ● 95

9. 약한 모습은 절대로 보이지 마라 ● 99

10. 일관성 있는 태도로 밀고 나아가라 ● 102

COLUMN : 왼손잡이가 되어라

제4장 지성을 충분히 어필하면서 사람들과 교제하는 방법

1. 타인을 이용하라 ● 109

2. 유능한 사람 곁에 딱 붙어 있어라 ● 112

3. 즐거울 때는 마음껏 흥분하라 ● 115

4. 체험에서 얻은 '지혜'는 비법이 될 수 있다 ● 118

5. 예상 밖의 행동을 해봐라 ● 121

6. 트집을 잡아라 ● 124

7. 사람들을 당신의 유머 속으로 끌어들여라 ● 127

8. 어휘력을 늘려라 ● 130

COLUMN : 지적인 직업들을 머릿속으로 상상해본다

제5장 직장에서 손쉽게 적용시킬 수 있는 일 연출법

1. 매는 기회가 올 때까지 손톱을 감춘다 ● 137

2. 보이는 곳에서 열심히 하라 ● 140

3. 지금에 만족하지 않는다고 어필하라 ● 143

4. 터무니없는 생각일지라도 자신감을 가져라 ● 146

5. 흥미를 갖고 있는 것처럼 보여라 ● 149

6. 부지런하게 움직여라 ● 152

7. 동시에 일을 진행할 수 있도록 유도하라 ● 155

8. 적극적인 리더가 되라 ● 157

COLUMN : 영리한 사람은 사람들 앞에서 담배를 피우지 않는다

제6장 지성을 높이려면 이 방법이 최고

1. 가장 어려운 전문 서적을 선택하라 ● 163

2. 목표를 너무 높게 잡지 마라 ● 167

3. 암기한 지식은 곧바로 사용하라 ● 170

4. 힘이 넘치는 필체를 사용하라 ● 173

5. 흥미 있는 것에만 도전하라 ● 175

6. 하기 싫은 공부는 단기간에 끝내버려라 ● 178

7. 세세한 것에는 신경을 끄고 진도를 나가라 ● 181

8. 책을 읽을 때에는 메모하라 ● 184

9. 책을 읽을 때에는 자기암시를 하라 ● 187

COLUMN : 머리를 염색하지 마라

마지막으로 ● 193

참고 문헌 ● 197

PART 1

{ 이제부터는 **지성을 연출하는** 시대 }

1. 왜 지성을 어필해야만 하는가?

이 책에서는 '이렇게 하면 지적으로 보인다'는 어드바이스를 명확하게 짚고 넘어갈 것이다.

반면, 왜 그렇게까지 지적으로 보일 기술이 필요한가에 대해서는 크게 신경 쓰지 않을 것이다.

왜 지적인 연출이 필요한가?

그 이유는 오직 하나, 많은 것들을 얻을 수 있기 때문이다.

지적인 남성들은 일을 할 때도 그들이 가지고 있는 매력의 도움을 많이 받고 있다. 만약 당신이 지적으로 보이는 사람과 그 반대인 사람 중 한 명에게 일을 맡겨야 한다면 어느 쪽을 택할 것인가? 분명한 치의 망설임도 없이 지성을 겸비한 사람을 선택할 것이다.

혹시 두 사람이 동일한 능력을 갖고 있다면, 이 경우는 더 말할 것도 없이 지적으로 보이는 사람에게 기울 것이 분명하다.

별로 밝히고 싶진 않지만, 실제로 나는 수준 높은 지성을 갖춘 인간이 아니다. 가끔은 울고 싶을 정도로 어리석은 부분을 잔뜩 짊어지고 있는 바보다.

그러나 주위에 있는 많은 사람들은 그렇게 인식하고 있지 않다. 그 이유는 온갖 기술을 총동원해 나를 연출하고 있기 때문이다. 덕분에 출판계의 편집자들에게는 '지적인 사람'으로 통하고 있으며, 그로 인해 많은 책들이 나의 이름으로 출판되기까지 했다.

이 모든 것들이 지성 연출법을 잘 사용한 덕분이라고 할 수 있다.

당신도 이 책에 적혀 있는 것들을 일상에 그대로 적용시켜 지적으로 보이도록 행동한다면, 원하던 것들을 손에 넣게 될 것이다. 어쩌면 너무 넘쳐서 감당하지 못할 정도의 갑작스런 변화에 당황해할지도 모르겠다.

우리는 무의식적으로 '지적인 사람'을 좋아한다.

그렇기 때문에 지성을 겸비한 것처럼 행동한다면, 자연히 많은 사람들에게 호감을 주고 스스로도 행복감을 느끼게 될 것이다.

캘리포니아 주립대학교의 심리학 교수 파멜라 C.레이건은 '사람들이 선호하는 10가지 성격'에 관해 연구한 결과, 그중 한 가지가 '지성'이라는 것을 밝혀냈다.

레이건 교수는 이렇게 말하고 있다.

"정직함과 친절함 그리고 유머러스한 센스도 중요하지만, 그것들과 더불어 지성도 사람들에게 사랑받기 위해 없어서는 안 될 중요한 요소 중 하나다."

정직함과 친절함, 상대방에 대한 배려심, 당당한 자신감 같은 것들은 분명 사람들의 사랑을 얻기 위해 반드시 필요한 요소들이다. 그 때문일까. 이런 쪽으로 늘 눈에 익은 단어들을 속속들이 보여주는 책들이 여전히 활발하게 출간되고 있다.

'타인에게 친절을 베푸세요. 그러면 사랑으로 돌아올 것입니다.'

'자신에게 당당해지세요. 그러면 다른 사람들도 당신을 사랑할 것입니다.'

이런 백만 번 지당한 말씀들이 실린 책들은 어딜 가나 넘쳐난다.

그렇다면 왜 이런 책은 없는 것일까?

'지성을 연출해보세요. 그러면 사랑받게 될 것입니다.'

레이건 교수의 연구 논문에서도 증명됐듯이 지성도 무척 중요한데 말이다.

나는 이 책을 통해 일상생활에서 정말로 중요한 것들, 꼭 필요한 것들만을 골라서 소개하고자 한다. 또한 반드시 당신에게 도움이 될 것이라고 보태지도 빼지도 않고 약속할 수 있다. 본의 아니게 서론이 길어져 대단히 죄송하지만, 이 점은 매우 중요하므로 꼭 기억해두길 바란다.

2. '머리의 회전력'은 30초 만에 들통난다

당신은 이런 생각을 해본 적이 있는가?

'한두 번 가볍게 만난 정도로는 내 머리가 좋은지 나쁜지 상대방이 알 리가 없어. 그러니 걱정하지 않아도 될 거야. 내 머릿속이 텅 비었다고 한들 들여다볼 수 있는 것도 아니고, 절대 모를 거야.'

만약 이런 식으로 넘겨버린다면, 당신은 지금 대단히 위험한 상태다.

왜냐하면 오늘 처음 만난 사람일지라도 그와 한두 마디 간단한 대화를 나누었다면, 상대방은 이미 당신의 우수성 체크를 끝낸 상태일 것이기 때문이다.

체조 선수라면 단단한 근육 정도를 보고 한눈에 훌륭한 선수인지 아닌지를 판단할 수 있다. 유도 선수라면 결전하는 모습을 통해 어느 쪽이 강한지 대략 짐작할 수 있다. 그러나 자신의 머리가 좋은지

나쁜지 만큼은 본인이 잘 알 수 없다. 그러나 타인의 눈에는 보이게 마련이다. 그것도 놀랄 만큼 아주 짧은 '30초' 만에 말이다.

상대방은 당신의 우수성이 어느 정도인가, 머리의 회전력은 얼마나 되는가, 어느 정도 유능한가를 불과 30초 만에 간파해버린다. 그렇게 들통난 순간부터 상대방은 당신을 무시한다. 혹시라도 중요한 계약을 하기 위해 마주한 자리라면 말도 안 되는 조건을 갖다 붙이며 당신을 점점 궁지에 내몰 것이다. 그렇기 때문에 더더욱 지성을 '연출'해야 한다고 거듭 강조하는 것이다.

아무리 그래도 30초 만에? 그건 절대로 불가능해, 라고 불신하는 당신을 위해 증명이 될 만한 데이터를 준비했다.

하버드 대학교 박사과정에 재학 중인 N.언바디는 박사 논문의 일환으로 다음과 같은 실험을 실시했다. 그는 강의를 하고 있는 선생님의 모습을 비디오로 찍어서 그것을 30초간 학생들에게 보여주었다. 그런 뒤 비디오 속의 선생님으로부터 느껴지는 '유능성'과 '전문성'에 대해서 추측하도록 했다.

실험 결과는 실제로 그 선생님의 강의를 1년 이상 청강한 학생들의 평가와 놀라울 정도로 일치했다. 굳이 1, 2년이라는 세월을 같이 보내지 않고도 학생들은 그 선생님의 능력을 30초 만에 꿰뚫어본 것이다.

당신도 처음 만난 사람에게 '이 사람은 왠지 머리가 뛰어날 것 같다'는 느낌을 받았던 때가 분명 있을 것이다. 왜 그런 느낌을 받게 되는지 확실한 근거를 댈 수 없지만, 그리고 여기서 '왠지'라는 단어가 무책임한 느낌을 주지만, 어쨌든 머리가 좋을 것 같다는 느낌을 받은 사람을 한 번쯤은 만나봤을 것이다.

마찬가지로 상대방도 당신에게서 똑같은 인상을 받을 수 있다는 사실을 잊어서는 안 된다. 대화를 나눈 시간은 겨우 30초일지라도 '왠지 이 사람은 머리가 나빠 보인다' 혹은 '이 사람은 총명할 것 같은데'라는 느낌을 당신에게서 받을 수 있다. 물론 직접 표현하지는 않겠지만, 마음속으로는 그렇게 생각하고 있을 것이 분명하다.

도대체 어떻게 상대방의 능력을 그리도 쉽사리 간파할 수 있는 것일까?

사실 몇 가지의 '단서들'만 있으면 된다. 그 단서들을 기반으로 상대방 머리의 좋고 나쁨을 판단하기 때문이다. 그것은 때로는 목소리의 어조일 수 있고, 생각 없이 하는 행동이나 체형이 될 수도 있다. 심지어 상대방이 안경을 썼는지의 여부에 따라 바뀌기도 한다. 이런 단순한 '단서들'로 판단을 하기 때문에 30초 만에 상대방이 어떤 사람인지를 충분히 간파하는 것이다.

이는 곧 그러한 '단서들'을 교묘하게 잘 컨트롤할 수만 있다면, 상대방에게 당신을 '지적인 사람'으로 포장할 수 있다는 뜻이기도 하다.

지성을 오랜 시간 투자해 쌓지 않아도 지적인 사람처럼 보일 수 있는 것도 다 그런 이유 때문이다.

그렇다면 어떻게 지적 연출을 해야 하는가?

그 점에 관해서는 지금부터 차분히 풀어가도록 하자.

3. 외모는 당신을 대변한다

지적인 분위기는 외관상 자연스럽게 풍겨 나오는 것이다. 이는 머리의 좋고 나쁨이 30초 만에 들통나 버리는 가장 큰 원인이기도 하다.

결국 상대방이 당신의 겉모습을 보고 판단한다는 증거다. 굳이 다른 말로 바꾸자면, 이 짧은 시간 동안 내면은 크게 관계되지 않는다는 뜻이다.

지금 당장 머리가 좋다는 것을 어필하고자 한다면 날마다 신문과 책 읽기에 앞서 먼저 해야 할 일이 있다. 바로 외모에 신경 쓰는 일이다.

많은 시간과 노력을 투자해서 지성을 쌓는 것은 사실 능률적이지 못하다.

우선, 어깨에 비듬이 떨어져 있지는 않은가, 헤어스타일은 괜찮은가, 구두가 진흙으로 더럽혀져 있지는 않은가, 와이셔츠의 상태나 바지 주름은 반듯한가, 여성이라면 립스틱이 번져 있지는 않은가, 이런 아주 사소한 외형적 요소들이 때로는 무척 중요한 역할을 담당한다는 것을 자각하길 바란다.

조지아 주립 대학교의 심리학자 스티븐 스미스 박사는 "외모가 잘 갖춰져 있으면, 그것만으로도 당신의 지성은 한층 빛을 발한다"고 주장했다.

그는 1940년부터 1989년까지 약 50년 동안 상영된 영화 중 흥행이 연간 20위 안에 든 작품들을 선별하여 분석했다. 그 결과, 출연 배우의 외모가 멋있을수록 (또는 아름다울수록) 그에 대한 '지성'이 높게 평가받는다는 것을 발견했다.

스미스 박사에 의하면, 생김새가 매력적일수록 반응은 우호적이며 머리 또한 뛰어난 것으로 여겨진다.

박사는 이것을 '매력 바이어스'라고 칭하고 있다.

바이어스bias라는 용어에는 '판단의 왜곡'이라는 의미가 담겨 있으며, 상대방이 매력적일수록 이와 비례해 판단력은 더욱 왜곡된다고 한다.

여기서 굳이 이런 어려운 말들을 늘어놓을 필요도 없다. 왜냐하면 이미 오래전부터 외모가 매력적이면 이성에게 인기가 많다는 것은 누구나 다 알고 있는 사실이기 때문이다.

이를 새삼 더 강조할 필요는 없지만, 지성에 대한 평가까지 높아진다니 그냥 스쳐 지나칠 말은 아닌 듯싶다.

그러므로 이제부터라도 겉모습에 더욱 신경을 쓰도록 하자.

아무리 내면에 열심히 공을 들여도 내면은 쉽게 알아볼 수 있는 것이 아니다. 내면을 상대방에게 인식시키기까지는 많은 시간이 필요하다.

이에 비해 멋진 외모는 그 결과가 바로 이어진다. 우선 주위에 있는 사람들의 눈길을 끌뿐더러 머리가 좋아 보이는 보너스까지 따라온다.

어디까지나 개인적인 생각이지만, 성형수술을 해서라도 외모를 가꾸라고 하고 싶다. 왜냐하면 가장 빠르고 가장 쉬운 방법이기 때문이다.

지저분한 수염이 얼굴을 가득 덮고 있거나, 코털이 삐죽삐죽 나와 있거나, 손톱이 보기 흉할 정도로 길다거나, 와이셔츠 소매가 찌든 때로 거무죽죽하다거나 하는 외관상의 요소들로 인해 당신에 대한 평가는 낮아질 것이다. 따라서 상대방에게 지성적으로 보이기 위해 외형적 요소에 신경을 쓰는 것은 무엇보다도 중요하다.

외모에 신경 쓰지 않고 일에만 전력투구하던 시대는 이미 끝난 지 오래다. 이제 외모에서 묻어 나오는 지성이 없으면, 비즈니스든 뭐든 성공하기 어려운 사회에 도달하고 말았다.

오늘날, 시대가 필요로 하는 외모야말로 필요 이상의 신경을 쏟아부어도 부족할 정도다.

4. 일단 도서관과 친해져라

회사에서 새로운 사업 계획 때문에 당신에게 사전 조사의 업무가 맡겨졌고, 동료와 같이 관련 자료를 찾기 위해 도서관에 갔다고 가정하자.

그때 당신이 살짝 이런 말을 중얼거리기라도 한다면 어떻게 될까?

"사회과학 분야 서적은 이 층이었던가……."

"이 도서관은 많은 데이터베이스를 사용할 수 있기 때문에 아주 편리했던 것 같은데……."

"여긴 다른 곳에서는 구하기 힘든 저널들도 있었던 것 같은데……."

이러한 당신의 모습을 본다면 동료들은 당신을 더 믿고 의지해올 것이 분명하다. 물론 머리가 좋아 보이는 효과도 있다.

왜냐하면 그런 혼잣말 속에는 '나는 도서관을 자주 이용하고 있다'라는 의미가 담겨 있기 때문이다. 또한 머리 나쁜 사람이 도서관에 갈 리가 만무하고, 도서관과 친숙한 사람들이 대개 우수하다는 것이 어리석게도 우리의 한결같은 생각이기 때문이다.

그러므로 자신이 도서관에 자주 들른다고 넌지시 중얼거리는 것이 의외로 큰 효과를 거둘 때가 있다.

시간 여유가 생긴다면 도서관에 익숙해지도록 하자. 반드시 도움이 될 것이다.

물론 꼭 책을 대여한다거나 열람을 목적으로 가라는 것이 아니다. 시간을 투자해가면서 책을 읽을 필요는 없다. 그저 도서관을 산책로 삼아 천천히 둘러보는 정도로도 충분하다.

도서관 내부를 둘러보는 것만으로도 '과학·컴퓨터', '역사·민족' 등의 안내 표지판들이 자연스럽게 눈에 들어올 것이고, 어느 곳에 어떤 종류의 책들이 있는가 정도는 대충 기억에 남을 것이다. 그것만으로도 당신은 그 도서관을 항상 이용하고 있는 것이 된다.

"화장실은 쭉 가다 오른쪽입니다", "이 도서관은 열 권까지 대여가 가능해요" 하는 식의 잡다한 정보를 처음 와본 사람에게 알려주면, 그것만으로도 당신은 지적으로 보일 것이다. 만일의 경우를 위해서라도 도서관에 들르도록 하자.

일에 지친 나머지 상사의 눈을 피해 쉬고 싶을 때도 도서관만큼 적절한 곳은 없다.

도서관의 내부 환경은 사계절 내내 쾌적한 것을 물론 여름에는 시원하고 겨울에는 따뜻하다. 또한 정숙한 분위기이므로 고즈넉하게 여유로운 시간을 보낼 수 있다.

연출이라고 할 수도 있으나 도서관인 만큼 적절한 책 몇 권을 책상 위에 펼쳐놓고 낮잠을 즐긴다면, 당신은 자료를 열심히 찾다가 지쳐서 잠깐 휴식을 취하는 것처럼 보일 테니 행여 그런 모습을 누군가에게 들킬지라도 문제가 되지 않을 것이다. 오히려 "책을 너무 열심히 본 것 아니에요"라고 예상치도 못한 호감 어린 한마디를 건네받고 마음이 포근해질지도 모르는 일이다.

책을 전혀 읽지 않고 읽을 생각도 없지만, 도서관에 관한 지식만큼은 확실하다.

그렇다. 이 정도면 충분하다. 이 정도로도 당신은 이미 지적으로 보일 테니까.

이제부터 당신이 도서관을 자주 이용하고 있다는 것을 대화 속에 넌지시 집어넣어 효과적으로 어필하자.

예를 들면, 회의 중에 "아, 그러고 보니 일요일에 도서관에 들렀었는데, 지금 말씀하신 것에 관련된 책을 본 것 같아요" 하는 식으로 당신이 평상시에도 도서관에서 시간을 보내고 있다는 것을 주위에 알리도록 한다.

5. 민첩한 동작은 두뇌 회전과 연관 있다

　회사에서 능력을 인정받고 있는 사람을 보면 모든 면에서 동작이 민첩하다.
　언젠가 책에서, 회사에서 입사 지원자들에게 점심 도시락을 나눠 준 뒤 느리게 먹는 사람들 전원을 불합격시켰다는 웃지 못할 실화를 읽은 적이 있다. 물론 그것도 하나의 방법이긴 하다. 그 경영자의 말에 의하면, "밥 먹는 것이 느려터진 녀석들 중에 완벽하게 일처리를 하는 것을 본 적이 없다"는 것이다. 실제로 맞는 말일지도 모르겠다. 이는 동작의 민첩함이 머리의 회전력과 어느 정도 연결되어 있기 때문이리라.
　그래서 무슨 일에서든 빠르게 진행할 것을 당신에게 권한다. 그러나 반드시 '대충대충' 넘어가야 한다. 만약 모든 것들을 완벽하게 해결하려고 하면, 결국 동작이 점점 느려질 테니까.

이는 심리학적으로도 확실하게 밝혀져 있다.

미국 솔즈베리에 위치한 카토바 대학교의 심리학 박사 셰일라 브라운로우는 임박한 시험 앞에서도 아무것도 하지 않고, 그저 뒹굴기만 하는 대학생 96명의 특징을 조사한 적이 있다.

그 결과, '완벽주의'에 빠져 있을수록 시험 공부의 시작을 자꾸 늦추는 경향이 있다는 것이 발견되었다. 완벽주의자들은 모든 것을 완벽하게 하려다 보니 오히려 시험이 점점 다가와도 공부를 시작하지 못했다.

물론 건축가나 계량 기사처럼 경우에 따라서 완벽주의를 필요로 하는 직업도 있다. 만약 이런 일에서 한 치의 오차도 있어서는 안 될 구조 계산을 틀리기라도 한다면 큰 문제가 아닐 수 없다. 그러나 우리는 정신 건강을 위해서라도 '적당히 대충 넘어가는' 것에 익숙해질 필요가 있다. 심사숙고는 반드시 필요할 때에만 하면 된다.

완벽주의는 그 성격적 특성 때문에 매사 손해를 보는 경우가 많다. 아주 사소한 일에도 지나치게 신경을 곤두세우므로 신경질적으로 보이기 쉽다. 그런 사람은 다른 사람들에게도 완벽함을 요구하기 때문에 교제 자체가 매우 힘들어진다.

가능하면 넓고 느긋한 마음을 가지도록 하자.

남의 작은 결점이나 오점 정도는 그냥 지나치자. 이것도 훌륭한 재능이다. 사소한 것에 매달리지 않고, 새로운 마음으로 다른 일을 힘차게 밀어붙이는 사람이 더 빛나 보일 수도 있다.

당신에게는 정말 죄송한 일이지만, 이 책을 쓰면서도 한 문장 한 문장에 모든 정열을 담지는 않는다. 적당히 마음 가는 대로 적어 내려가고 있다. 대충대충 하지 않으면 아무리 시간이 흘러도 책 한 권이 완성되기 힘들다. 편집자들에게 들켜서 욕먹지 않을 정도로만 하면 된다.

물론, "선생님, 대충 쓰셨죠? 이 부분은 고쳐주셔야겠어요"라는 말을 들을 때도 있다. 습관적으로 대충대충 그리고 적당히 완성해버리기는 하지만 그만큼 다른 작가들보다 훨씬 빨리 원고를 넘기기 때문에 편집자들에게는 분명 고마운 존재이기도 할 것이다.

무슨 일에서든 완벽한 최고의 상태만을 고집한다면 결국 아무것도 결말을 맺지 못하는 상태에 머물게 된다.

'그건 매사에 너무 심사숙고하면서 진행하기 때문이야'라고 자기 자신을 설득할 수는 있다. 그러나 핑계는 핑계일 뿐 타인의 눈에는 평가 대상에도 오르지 못하기 때문에 결국 무능력한 사람으로 보이게 마련이다.

동작은 무조건 빠르고 봐야 한다.

6. 엄청난 스피드로 키보드를 두드려라

컴퓨터를 사용할 때 천천히 문자를 입력해서는 안 된다. 즉, 키보드를 천천히 두드리지 마라.

"톡, 톡, 톡, 톡."

이런 스피드가 아닌, "타타타타타타탁"과 같은 엄청난 스피드로 타이핑을 할 수 있도록 연습해두자. 정확하지 않아도 되니까, 무조건 최고의 속도로 아무에게도 지지 않을 만큼 키보드를 두드려라.

컴퓨터 앞에 앉으면 주위 사람들을 깜짝 놀라게 할 정도의 스피드, 마치 최고의 피아니스트가 신명 나게 연주하는 듯한 분위기를 자아내도록 한다. 느릿느릿한 타이핑 속도로는 절대 그런 연출을 할 수 없다. 당신의 타이핑을 보고 있던 상대방이 긴장한 나머지 침을 꿀꺽 삼킬 정도의 타이핑 실력을 갖추어야 한다.

타이핑은 쉽게 습득할 수 있다. 대부분의 사람들은 키보드의 배열을 외우고 나면 거기서 만족해버리고 마는 습성이 있다. 빠른 스피드까지는 욕심을 내지 않는다. 그러나 그래서는 안 된다.

키보드를 보지 않고 타이핑이 가능한 것만으로는 부족하다. 주위를 놀라게 할 만큼의 스피드로 키보드를 두드리지 않는 이상 아무런 의미가 없다.

나는 타이핑 스피드만큼은 누구에게도 지지 않을 자신이 있다. 평상시에도 게임을 하며 시간 보내는 것을 좋아하기 때문에 처음 컴퓨터를 배우고 어느 정도 익숙해진 다음에는 게임하듯이 타이핑 연습 프로그램에 몰입하기 시작했다. 만약 나의 타이핑 실력을 당신이 보게 된다면 상상을 초월한 빠른 스피드 때문에 정말 우수한 이미지, 그리고 컴퓨터에 관해서는 뭐든지 알고 있을 것만 같은 느낌을 받게 될 것이라고 장담한다.

그러나 사실은 컴퓨터에 관한 지식이 전혀 없다.

'타이핑 속도가 빠른 사람은 지능도 높다.'

이는 영국 벨파스트-퀸스 대학교 마가렛 매크로리 박사의 연구 결과다.

박사는 두 가지 실험을 실시했는데, 첫 번째는 컴퓨터 화면에서 지시하는 문장을 타이핑하도록 했고, 두 번째는 그 실험자들의 지능을 테스트했다. 그 결과 타이핑이 빠른 사람은 지능 테스트(언어, 이해, 기억 등)에서도 놀라울 정도의 고득점을 얻었다.

타이핑이 빠르면 그것만으로도 우수해 보인다. 아니, 우수한 비즈니스맨은 실제로도 타이핑이 빠르다.

피아노를 능수능란하게 연주하려면 많은 노력과 시간이 필요하다. 건반 위에서 손가락이 춤추듯이 우아하게 연주할 수 있을 때까지는 오랜 세월을 필요로 한다.

반면, 타이핑은 습득하는 데 그리 오래 걸리지 않는다. 필자의 경우만 봐도 타이핑 연습 프로그램으로 하루 종일 놀기만 했을 뿐인데 3일 안에, 그것도 매우 빠른 스피드로 입력할 수 있게 되었다. 그러나 피아노는 불가능하다.

자동차를 운전할 때도, 기계를 다룰 때도 마찬가지다. 반사적으로 날렵하게 대응하면, '이 사람, 진짜 잘하는데'라고 상대방은 느낄 것이다. 타이핑도 마찬가지다. 타이핑 같은 경우에는 빠르게 숙달할 수 있으므로 도전해볼 만하다. 당신도 더더욱 빠르게 쳐야겠다는 바람을 가지고 타이핑을 했으면 한다.

'어라, Z가 어디에 있더라?'

물론 키보드를 훑어봐야만 하는 이런 상태라면 얘기가 달라지지만, 만약 보통 정도의 실력을 가지고 있다면 지금 상태에 절대 만족해서는 안 된다. 남들과 똑같은 실력이라면 관심의 대상조차 될 수 없다.

다른 사람들보다 더 뛰어나야만 높은 관심과 평가가 뒤따른다는 사실은 당신이 더 잘 알고 있을 것이다.

7. "난 잠을 자지 않아도 멀쩡해"라고 어필하라

어지간해서는 잠에서 헤어나지 못하는, 늦잠 자는 버릇을 가진 비즈니스맨이 있다고 하자. 그런 인물을 당신은 어떻게 평가할까?

아마 구제불능의 게으름뱅이라고 생각할 것이다. 일을 비롯한 모든 면에서 불성실한 그를 할 수만 있다면 중요한 프로젝트에서 빼버리고 싶은 마음이 굴뚝같을 것이다.

만약 매일 열 시간 이상 수면을 취하고 있다면, 외부에는 이를 철저하게 숨기는 것이 바람직하다. 왜냐하면 잠을 많이 자는 사람은 한심한 인간으로 보일 위험성이 있기 때문이다.

이왕 자신을 포장하기로 마음먹었다면, "전 네 시간 정도만 자고 나면 가뿐합니다"라고 한층 더 과장해서 상대방을 놀래주는 것은 어떨까?

그 유명한 나폴레옹도 사실은 짬짬이 낮잠을 잤다고 한다. 그러면

서도 "잠은 세 시간만 자면 된다"고 호언했다. 그러나 낮잠을 포함해 계산한다면 훨씬 길게 잔 것이다. 그럼에도 '세 시간'이라고 주위에 선전함으로써 "역시, 나폴레옹은 굉장해"라는 이미지를 만든 것이다.

이 작전은 당신도 꼭 기억해서 사용하기 바란다.

나 역시 매일 아홉 시간에서 열 시간 정도 잠을 자지만, 질문을 받으면 항상 '네 시간에서 다섯 시간 정도'라고 줄여서 말하고 있다.

"우수한 사람들은 자지 않아도 끄떡없대요. 저도 끄떡없는데요"라고 농담 반 진담 반 빤한 거짓말을 한다.

'굳이 그렇게까지 할 필요가 있을까'라고 의아해할 수도 있지만, 유능한 비즈니스맨에게는 잠잘 시간도 부족한 법이다. 따라서 이는 자신을 더욱 능력 있는 인간으로 보이게 만드는 하나의 기술이다.

"사흘 정도 밤새우는 것쯤은 끄떡없습니다. 정말 좋아하는 일을 하고 있을 때에는 자지 않아도 멀쩡합니다."

이렇게 빤한 거짓말을 해도 상대방이 그 말을 확인할 길이 없으므로 들통이 날 염려는 하지 않아도 된다.

그러니까 마음 푹 놓고 과장된 표현을 아낌없이 팍팍 하자.

『잠과 과학』이라는 책을 집필한 E.L.하우트만은 '매일 즐겁게 살아가는 사람은 수면을 별로 필요로 하지 않으며, 스트레스를 느끼는 사람들만이 수면을 필요로 하고 있다'고 추정한다.

요컨대 "저는 푹 자지 않으면 아무 일도 못 합니다"라고 말하는 사람은 "나는 스트레스와 정신적 압박감을 이기지 못하는 약한 인간이며 비관적인 인간이다'라고 스스로 선전하는 셈이다. 이렇듯 자신의 체면을 깎아내리는 언행은 자제하길 바란다.

"매일 몇 시 정도에 취침하나요?"

이런 질문을 받게 된다면 가능한 한 시간을 줄여서 대답하라. 자는 시간보다 깨어 있는 시간이 훨씬 길다는 것을 어필하도록 하자. 모든 것에 솔직할 필요는 없으며 죄책감을 느낄 필요는 더더욱 없다.

두 시간 정도 줄여서 대답하는 쪽이 반드시 높은 평가를 받게 마련이다.

중학교 때나 고등학교 때 시험 보는 날이면 이런 대화를 주고받곤 했다.

"야, 너 어제 얼마나 잤어?"

물론 공부를 잘하는 아이일수록 "어제는 깜박 잠이 들어버려서……. 공부도 못 하고 일어나니까 아침이었어"라고 천연덕스럽게 거짓말을 하곤 했다.

이런 거짓말은 사회에 나와서도 필요하다.

단, 학생 때와 다른 점이 있다면 자신의 지성을 숨기려고 노력하는 게 아니라 오히려 적극적으로 어필해야 한다는 것이다. '아주 푹 잤다'는 쪽이 아니라 '별로 잠을 자지 못했다'는 쪽으로 말이다.

8. 100명의 지인들

당신 곁에는 친밀한 사람들이 얼마나 있는가?

이왕 자신을 과대포장하려면 가능한 한 인맥이 탄탄한 것처럼, 무조건 발이 넓고 친구들이 많다는 식으로 자신을 어필해야 한다.

"전 진짜 친구가 별로 없는데요……" 하며 진실만을 고집하는 사람들이 있다.

굳이 실상은 상관하지 않아도 된다. 나 역시, 사실은 친한 친구가 몇 안 되니까.

휴대전화에 들어 있는 전화번호를 보면 겨우 열한 명 정도. 그중 네 명은 가족(아버지, 어머니, 아내, 여동생)이다. 정말 부끄러울 정도로 내게는 친구가 없다.

일을 하면서 가깝게 지내는 사람들은 조금 더 되지만, 그래도 인맥이 넓다고 할 정도는 아니다. 물론 인맥을 늘리려고도 하지 않았기 때문에 이런 부분은 어쩔 수 없는 일이라고 스스로 포기하고 있다.

그러나 그렇다고 할지라도 이런 사실을 절대 입 밖으로 내서는 안 된다. 무조건 지인과 친구들이 넘칠 정도로 많이 있는 것처럼 보여야 한다.

전화 한 통이면 급한 일을 미루고 달려와 주는 지인이 100명, 200명은 있다고……. 그런 인상을 상대방이 느끼도록 해두는 것이 당신에게 분명 유리하다.

런던 유니버시티 칼리지의 심리학 박사 에이드리언 펀햄이 100명(14세에서 60세까지)을 대상으로 "당신은 자신의 IQ가 어느 정도라고 생각하십니까?"라는 질문을 한 후, 실험 대상자들의 사교성에 대해 조사를 했다. 그 결과, 자신의 머리가 좋다고 생각하는 사람일수록 사교적인 성격을 가지고 있다는 것이 밝혀졌다.

이 연구에서는 IQ로 자기평가를 하고 있으나, 원래 IQ 자체에는 그런 의미가 담겨 있다. 머리가 좋은 사람은 사교적이며, 친구들 또한 많다. 이것은 일반적인 통념이기도 하다.

현실이 이런데, "난 친구들이 별로 없어"라고 솔직하게 털어놓는다면 스스로 자폭하는 것과 다를 게 없다.

그런 말을 들은 상대방은 틀림없이 당신이 성격에 결함이 있으며 집 안에만 틀어박혀 지내는 무능력한 사람이라고 추정할 것이 분명하다. 사람들과 어울리는 게 서투르며, 머리 또한 나쁠 것이라고 마음대로 판단할 것이다.

그런 마이너스 평가를 받게 될 바에야, 조금 과장이긴 하나 "내겐 백 명이 넘는 지인이 있다"고 하는 편이 낫지 않을까?

가능한 한 많은 사람들과 교류를 하고 있는 것처럼 어필하자.

솔직하게 "친구는 네 명밖에 없습니다"라고 하는 것보다 "정말 친한 친구는 네 명 정도지만, 알고 지내는 사람이라면 몇백 명은 후딱 넘어버릴 것 같은데요. 하하하!" 하는 식으로 과감히 밀고 나아가라. 이런 빤한 거짓말로 크게 탈 날 일은 없으니 걱정하지 않아도 된다. 아니, 오히려 그렇게 얘기해두지 않은 것 때문에 후회할 일이 생길지도 모른다.

지인의 숫자를 늘려 말했다고 해서 누군가에게 피해를 주는 일은 결단코 없다. "모든 지인들의 이름을 알려주세요"라든가 "만약 친구들의 명단이 있다면 보여주세요"라고 트집을 잡으며 늘어지는 사람은 없을 테니 걱정하지 않아도 된다. 그저 자신감으로 당당하게 말하면 되는 것이다.

친구들이 많다는 것을 떠들고 다니는 것만으로도, 당신은 사교적으로 보인다. 그리고 확실히 사교적인 사람은 매 순간 절대적으로 유리하다.

따라서 휴일에 혼자서 지내는 시간이 많더라도 절대 사실대로 말해서는 안 된다. 휴일에는 친구들과 즐겁게 시간을 보내고 있는 것처럼 말해야 한다.

9. 최대한 지위가 높은 직함을 가져라

지위는 높은 편이 유리하다. 이것은 절대적이다. 평사원보다는 과장, 과장보다는 부장, 부장보다는 사장이 훨씬 더 우수해 보이는 것은 당연하다.

인디애나 대학교 사회학 박사인 로널드 험프리는 적당히 주어진 지위를 가진 사람이라도 높은 지위를 언급할수록 효과를 발휘한다는 것을 실험으로 확인했다.

예를 들면, 적당한 사람을 골라서 "당신은 오늘부터 부장이다"라고 선언하면 그 사람은 다른 사람들에게 갑자기 선망의 대상이 된다. 이것을 '지위 효과'라고 한다. 지위가 높아지면 누구나가 본인이 가지고 있는 실력과는 아무 상관 없이 우수해 보인다.

그렇기 때문에 지위는 가능한 한 높은 것을 가지도록 한다. 지위가 낮은 것보다는 높은 것이 압도적으로 유리하기 때문이다.

"높은 직함은커녕 아직도 평사원인데……"라고 반론하는 사람도 있을 것이다. 그러나 여기서 말하는 것은 '지금 근무하고 있는 회사에서의 지위'만이 아니다.

다시 말해 어떤 조직이나 모임이라도 상관이 없다. 무조건 지위가 높은 직함을 가질 수만 있다면.

예를 들어, 배구 동호회의 부장을 맡고 있다면 그것을 어필하는 것도 괜찮다. 명함을 교환할 때 "회사에서는 아직 직함이 없으나, 그래도 배구 동호회에서는 부장을 맡고 있습니다" 하는 식으로 자연스럽게 어필하면 된다.

그것이 어떤 동호회든 지위가 높다면 무조건 어필하도록 하자. 값비싼 보물을 가진들 숨겨두기만 한다면 그 가치는 묻히고 말 것이다. 빛을 발하게 하고 싶으면 어필하라.

만약 그런 것조차도 없다면 당신이 동호회를 만들어라. 친구와 미리 상의해서 적당한 동호회를 만들고, 멋진 직함을 정해 가져보자.

1년에 서너 번가량 회식 자리를 마련하는 정도로도 충분히 동호회를 이끌어갈 수 있으므로, 신나게 그 분위기를 즐기려는 의도로 만드는 것도 괜찮다.

"젊은 지식인들이 모여 운영하고 있는 경제 연구회에서 이사를 맡고 있습니다."

"소비자 심리 연구회에서 부대표를 담당하고 있습니다."

"아마추어 천문 애호가 단체에서 부회장을 맡고 있습니다."

회사에서는 평사원일지라도 이런 식으로 자신을 어필할 수만 있다면 언제든지 상대방의 직함에 대응할 수 있다.

이렇듯 지위 효과로 인해 당신은 그 지위에 걸맞는 실력을 겸비한 훌륭한 사람으로 인식될 것이다.

다만, 반드시 주의할 점이 한 가지 있다. 거짓 동호회를 꾸며내서 직함을 가져도 되긴 하지만, 만약 상대방이 당신이 말한 동호회에 관심을 보이며 참가하려고 한다면 곤란한 일이 일어날 수도 있다.

그렇기 때문에 거짓말을 하는 것보다는 아예 친구들과 그런 동호회를 만들어 적극적으로 활동하라고 권하고 싶다. 물론 약간의 과장된 표현을 사용하는 것 정도는 애교라고 해두자.

최근, 회사 안에서 창업을 할 수 있도록 적극 밀어주는 곳이 늘고 있는 추세다. 회사에 근무하면서 새로운 사업을 시작할 수 있도록 오히려 회사가 적극 장려한다고 한다. 만약 일이 잘 풀린다면 당신은 회사에서 모든 경비를 지원받고, 사장이라는 직함을 얻을 수도 있다. 동료들과 '신제품 연구회' 같은 모임을 만들어 직함을 갖는 것도 괜찮은 방법이다.

만약 그렇게 만든 동호회가 회사에 큰 이익을 안기기라도 한다면, 회사가 생각지도 않은 예산을 책정해줄지도 모르는 일이다. 일단 우수해 보이기 위해서는 반드시 지위가 있어야 하므로 닥치는 대로 도전해보도록 한다.

COLUMN
상대방과의 거리는 당신의 지성과 깊은 관계가 있다

중요한 비즈니스 자리에서 상대방과 테이블을 사이에 두고 대화하고 있을 때, 자신과 상대와의 거리가 어느 정도인가에 따라 상대방이 당신의 지성을 어느 정도로 평가하고 있는지 알 수 있다.

당신이 상대에게 무시를 당하고 있지는 않는가, 혹은 깍듯이 대우를 받고 있는가를 살짝 알고 싶다면 앉아 있는 상대와의 거리를 체크해보라.

미국 시러큐스 대학교의 캐롤 글레드 박사는 학생 50명을 대상으로 실험을 실시했다. 실험 결과 글레드 박사는 상대방이 다른 상대방에게 '지적인 느낌을 받았을 때' 서로의 거리가 아주 가까웠으며, 반대로 별로 호감을 느끼지 못했을 때 '서로의 거리가 점점 멀어지는 것을 발견했다.

글레드 박사의 실험 결과를 통해 확실히 짐작할 수 있듯 혹시 '어라, 이 사람 왜 이렇게 멀리 떨어져 앉은 거지?' 하는 느낌이 든다면, 당신은 상대방이 싫어하는 대상이거나 그에게 무시당하고 있을 가능성이 높다.

만약 당신에 대한 감정이 좋거나 당신을 존경하고 있다면, 상대는 의자를 끌어당겨서라도 당신 바로 코앞에 마주 앉을

것이다.

오늘 누군가와 약속이 있다면 그 사람이 당신과의 거리를 어느 정도 두는지 세심히 관찰해보는 것도 재미있을 것이다.

예를 들면, 같이 걸어갈 때나 함께 벤치에 있을 때 혹은 식사를 같이할 때 등등 그런 일상 속에서 상대방과 당신과의 거리를 관찰해보는 것이다.

대략 45~60센티미터 정도 가깝게 있다면, 상대방이 당신에게 마음을 허락하고 있으며 좋아한다는 증거다.

그런데 120센티미터 이상 떨어져 거리를 둔다면, 상대방은 당신의 이야기에 별다른 흥미나 관심이 없음을 무의식 속에 담고 있는 것이며, 그것도 아니면 그냥 당신과는 맞지 않다고 생각할 수도 있다. 또는 당신을 무능력하다며 무시하고 있을지도 모른다. 어쨌든 그다지 좋지 않은 신호라고 보면 된다. 그럴 때에는 당신이 먼저 다가갈 필요가 있다. 혹은 당신 곁에 가까이 다가오도록 유도해보는 것도 괜찮은 방법이다.

그 자리가 비즈니스와 관계된 경우에는 더더욱 가까운 거리를 확보해야 한다. 그럴 때 유용한 방법이 비즈니스에 관련된 자료 또는 팸플릿 등을 펼쳐놓고 상대가 자연스럽게 다가오도록 하는 것이다. 그러면 하나의 자료를 놓고 서로가 얼굴을 맞댈 수 있다. 의외로 아주 편리한 방법 중 하나다. 아니면 "이것을 한번 봐주시겠어요?"라고 얘기하면서 당신이 다가가는 방법도 있다.

상대방과의 거리가 가까워지면 자연스럽게 심리적인 거리 또한 가까워지게 마련이다.

PART 2

평범한 대화 속에서도 당신의 지성을 느낄 수 있도록 만드는 비법

1. 모르는 분야가 나오면 화제를 바꿔라

자신이 전혀 모르는 분야가 이야깃거리로 나오면 깊게 들어가기 전에 재빨리 화제를 바꾸도록 한다.

왜냐하면 생소한 분야일 경우, 당신은 그저 "아……, 네……, 그렇군요" 하며 듣는 역할밖에 할 수 없기 때문이다. 맞장구를 치기 위해 그 자리에 나간 것이 아닌데, 그런 모습은 의외로 바보처럼 보일 수 있다.

토론을 할 때도 마찬가지다. 토론 주제의 배경이 될 만한 지식이 당신에게는 없다면 억지로 주제의 방향을 틀어서라도 자신 있는 화제를 끌고 와라.

"아, 그렇군요. 그런 새로운 경영론을 가지고 계시는군요. 훌륭하십니다. 그런데 약간 다른 쪽에 관한 것을 말씀드리자면……"

"아, 그렇군요. 그런데 지금 하신 말씀을 듣고 갑자기 떠오른 건데, 사실은……."

"그건 정말 관심이 가는 이야기입니다. 그럼 그것에 관련된 업계에 대해서 제가 잠깐 발언을 하자면……."

이런 식으로 무리 없이 끌고 가면 된다. 약간 강제적인 느낌으로 화제를 당신이 유리한 쪽으로 바꿔버려라.

전혀 모르는 이야기가 끊임없이 계속될 때, 화제를 전환시킬 타이밍을 신속하게 맞추지 못하면 당신의 지루함은 끝나지 않을 것이다. 그런 상황은 정말 힘들고 지친다. 잘 집중해주지 않는 당신에 대한 상대방의 평가 또한 형편없을 테니 반드시 주의하도록 하자.

상대방의 이야기를 듣고 있을 때, 배려가 담긴 질문을 하고 싶어도 그에 관련된 지식이 없다면 이 역시 불가능하다. 엉뚱한 질문을 한다거나 엇갈린 반응을 보인다면 오히려 씁쓸한 비웃음을 사게 될 것이다. 그렇기 때문에 잘 모르는 화제로 분위기가 무르익어 가고 있다면, 화제 자체를 몽땅 바꿔버리는 것만이 당신이 살아남는 길임을 명심하라.

다만, 다른 화제를 끌고 갈 자신도 없는데 무리한 도전을 한다면 낭패를 볼 것이니 이 점만은 꼭 주의하자.

이야기의 초점과 관련된 지식이 조금이라도 있어야 성의껏 상대방의 이야기에 흥미를 가지고 들어줄 수 있는 법이다. 지식이 전무하다면 당신이 아무리 진땀 빠지게 노력을 해도 안 되는 것은 안 된다.

억지로라도 그 분위기를 좇기 위해 애쓰는 모습에 동정은 가지만 보기 흉하고 안쓰럽기까지 하다.

'하하하, 이 녀석 봐라. 아무것도 모르면서 아는 체하는데?'

이런 식으로 당신의 무지는 진작 상대방에게 들통이 나버릴 테니 굳이 그런 노력은 할 필요가 없다.

재치 있는 사람이라면 그런 상황에서 입을 다문다.

왜냐하면 자신의 무지를 드러내는 일을 자청할 필요는 없기 때문이다.

스포츠 세계에서는 자신 있는 공간으로 상대를 끌어들이는 것이 승리로 이어지는 비결이다. 그런 의미에서는 비즈니스 세계도 크게 다르지 않다. 상대가 자신 있어 하는 장소(여기에서는 화제가 되겠지만)에서 승부를 가리는 것은 매우 어리석은 일이다.

물고기가 육지에 올라오면 절대 이길 수 없는 법. 화제는 가능하면 당신이 자유롭게 컨트롤하면서 주도해가야 한다. 만약 상대방이 자기가 좋아하는 화제로 바꾸려고 해도 "그래서 말인데……"라며 다시 화제의 방향의 선두에 서도록 한다.

그러나 만약 계속 강한 견제가 들어온다면 그때는 맞장구를 치지 않아도 되니 무표정한 얼굴로 잠자코 있자. 그게 현명한 방법이다.

상대방의 눈을 보면서 아무런 대답도 하지 않고 있으면 상대는 오히려 불안해할 것이고 결국 스스로 화제를 돌릴 것이다. '이 사람은 이런 얘기에 전혀 관심이 없구나' 하는 느낌을 당신의 무표정과 지겨워하는 얼굴에서 전달받았다면, 당신이 화제를 바꾸지 않아도 상대방이 먼저 다른 이야기를 시작할 것이다.

2. 기운차게 단번에 밀어붙이고 끝내라

여러 사람과 대화를 할 때는 기운차게 단번에 밀어붙여야 한다. 이야기 도중에 불필요한 불평을 집어넣지 말고 의견만을 강하게 주장한다.

그리고 일단 이야기를 시작하면, 상대가 전혀 이해하지 못할지라도 무조건 마지막 한 마디까지 남기지 말고 쏟아내라.

천천히 그리고 품위 있게 호소력까지 곁들여 표현하는 아나운서들도 있지만, 일반인들이 그런 능력을 갖추기란 어렵다. 천천히 말을 하면 왠지 전달하고자 했던 내용이 전혀 짜임새 없어 보이고, 머리 회전마저 느려 보인다.

메릴랜드 대학교 심리학 박사 스탠리 펠드스테인은 실험 참가자인 남성 세 명, 여성 세 명에게 많은 사람들 앞에서 연설을 하도록 했다. 그리고 대중들에게 '그들이 어느 정도 유능하게 보이는가?'에 대해 설문 조사를 했다.

연설을 하는 사람들에게는 말하는 속도를 달리 설정하여 지시했다. 그 결과 빠른 속도로 말할수록 유능해 보인다는 평가를 받았다.

또한 이런 평가는 설문 조사에 응한 남성들에게서 더욱 두드러지게 나타났다. 그리고 남성이 연설을 할 경우, 천천히 말하는 사람보다 빠른 속도로 말하는 사람이 '머리가 좋아 보인다'는 결과도 밝혀졌다.

따라서 대화 상대가 남성일 경우 느린 속도로 말을 거는 것은 금물이다. 가능한 한 빠른 속도로 의사를 전달하라. 이것은 어떠한 상황에서도 적용된다. 단, 절대 더듬거려서는 안 된다. 무능한 사람으로 낙인찍히고 싶지 않다면 각별히 주의하자.

말을 남들보다 빨리 하려면 약간의 요령이 필요하다.

문장의 기승전결은 크게 신경 쓰지 말고 문법이 약간 어색하거나 의미가 불투명한 단어가 튀어나올지라도 절대 개의치 않는다. 이 부분은 아주 중요하므로 다음 페이지에서 다시 한 번 짚고 넘어가도록 하자. 일단 여기서 강조하자면 '작은 실수 정도'에 지레 기죽지 말고 단번에 밀어붙여라.

보통 사람들은 1분 동안 말할 때 150개~200개 정도의 단어를 사용한다고 한다. 따라서 만약 단어수를 250개까지 올릴 수만 있다면 보통 사람들의 스피드보다 25퍼센트는 더 빨리 말하는 셈이다.

심리학자 맥라클란은 라디오와 텔레비전 광고의 스피드를 기계적으로 압축해 학생들에게 들려준 적이 있다.

말하는 억양과 강세는 그대로 두고 스피드만 25퍼센트 올려서 들려주었다. 그 결과 유식하다, 지적이다, 성실하다는 긍정적인 평가가 나왔다.

한번 자신의 목소리를 녹음해서 1분 동안에 말하는 스피드가 어느 정도인지 직접 체크해보면 도움이 될 것이다.

그렇게까지 하지 않아도 말이 빠른 편에 속한다고 생각한다면 문제될 게 없지만, 만약 말을 천천히 하는 편이라면 그것만으로도 당신의 지적 수준이 낮게 평가될 수 있다.

말투를 조금 바꿔서 지적으로 보일 수 있다면, 당신도 여기에 도전해서 지적 수준을 위로 끌어올려 보자.

더 빠른 말투를 원한다면 큰 소리로 책을 읽는 연습이 도움이 될 것이다. 신문이든 잡지든 뭐든 상관없다. 아주 큰 목소리로 읽는 연습을 2주일만 한다면 스피드가 조금씩 빨라질 것이다.

3. 이해할 수 없는 단어들을 섞어서 말하라

 이야기를 할 때 난해한 것이나 이해 불가능한 것들을 늘어놓는 것도 좋은 방법이다.
 상대방이 이해를 하든 못 하든 그건 전혀 신경 쓰지 않아도 된다. 심지어 자신조차 이해하지 못 해도 상관없다.
 도통 이해할 수 없는 단어들을 늘어놓는데도 당신의 능력을 의심하기는커녕 전문적인 지식을 겸비한 지식인으로 보니 정말 아이러니한 일이 아닐 수 없다.
 상대방은 당신의 말을 전혀 이해하지 못할 때 당신을 이상하다고 생각하는 게 아니라 오히려 자기 자신의 무지를 창피해한다. 게다가 당신이 차원 높은 훌륭한 주장을 하고 있는 것이라고 지레 짐작해버린다.
 '에이, 정말 그럴까?'

필자의 주장에 이런 생각을 하는 분들도 있을 것이다. 그러나 정말 그렇다.

누구나가 알 수 있는 쉬운 단어만을 구사해서는 안 된다. 아무도 이해할 수 없는 불분명하고도 어려운 단어를 섞어 사용하는 것이 당신의 지성을 부각시키는 또 하나의 비결이다.

뉴욕 대학교의 심리학과 교수 앨런 소칼은 어느 날 장난기가 발동해서 아무런 의미도 없는 전문 용어만을 줄줄이 배열해서 완성한 논문을 학술 잡지에 보냈다.

그런데 교수의 예상을 깨고 심사를 통과한 그 논문이 학술 잡지에 버젓이 실리는 어처구니없는 사태가 벌어졌다.

소칼 교수가 학술 잡지에 보낸 논문이 어떤 것인지 궁금해할 것 같아 간단하게 논문의 일부분을 소개하고자 한다.

예전에는 정수定數이면서 보편성을 내포하고 있던 유클리드의 π, 그리고 뉴턴의 G, 이것들이 공유하고 있는 역사적인 문맥을 다시 한 번 되짚어, 그 근본 뿌리의 재해석을 해야 할 시기에 도래했다. 그리고 가상적인 관측자는 모든 법칙과 질서의 중심으로부터 분산되어 더이상 기하학만으로는 정의할 수 없게 된 시공점時空点과의 모든 인식론적 연결성을 끊어버리는 결과를 초래했다.

한 번 읽고 이 문장의 의미를 곧바로 이해할 수 있는 사람은 그리

많지 않을 것이다.

왜냐하면 처음부터 의미가 부여되지 않았기 때문이다.

소칼 교수의 논문은 처음부터 마지막까지 이런 문장들로만 이루어져 있다.

어떻게 이런 논문이 심사를 통과했을까? 답은 간단하다. 이해가 불가능한 것들을 늘어놓았기 때문이다. 심사자들의 눈에는 이 논문이 '뭔가 대단한 품격을 갖춘' 것으로 비쳤을 것이다.

전문가들조차 이런 상태이니 일반인들인 우리가 이해 불가능한 것과 마주했을 때, 아무런 비판도 하지 않고 그대로 받아들이는 경향은 더욱 당연하다.

지적인 연출을 하고 싶다면, 소칼 교수의 논문 일부분이라도 암기해서 그것을 인용해보는 것도 하나의 방법일 듯싶다.

분명 상대방은 당신의 의견이 훌륭하고 대단한 것이라는 착각에 빠질 것이다. 그러고는 "정말 대단합니다"라고 진심이 가득 담긴 한마디를 건넬 것이다.

뭐가 대단한지 상대방이 알 리 없지만, 어쨌든 상대방은 당신의 언변에 감탄사를 보낼 것이다.

4. 상대방의 의견에 살짝 불만을 표시하라

"기획안 중에서 A가 제일 괜찮아 보이는데……."
"글쎄."
"자네는 A를 어떻게 생각하나? 반대?"
"예. 예산 견적 부분이 약간 걸립니다."

지적인 사람은 결점을 지적하는 데 천재적인 기질을 갖추고 있다.

상대의 의견, 주장, 제안에 관해서는 반드시 물고 늘어져라.

결점을 발견할 때마다 당신의 존재를 어필하는 것이므로 두려워하지 마라.

모든 의견에 당신의 태도가 긍정적이기만 하다면 절대 지적으로 보일 수 없다. 무리를 해서라도 반대 의견을 드러내야 한다.

텔레비전에서 방영되는 토론 프로그램을 보라. 다른 사람의 의견에 반대 의견을 당당히 펼치는 모습은 지적으로 보인다. 당신도 그러한 기술을 익혀서 사용해보도록 하라.

물론, 처음부터 끝까지 무작정 상대방의 의견에 반대하거나, 사사건건 꼬투리를 잡고 늘어지면 상대에게 불쾌감만 줄 뿐이다. 무조건 물어뜯는 것은 '미친개'나 하는 짓이다.

꼭 그렇게까지 할 필요는 없다. 부분적으로 살짝 해도 충분하다. 어디까지나 당신의 지성을 어필하기 위한 수단이므로 가볍게 물었다 싶으면 바로 놔주도록 하라.

캘리포니아 대학교 버클리 캠퍼스의 리처드 클러치필드 박사는 연구를 통해 '유능한 사람 세 명 중 한 명은 절대로 다른 사람들의 의견에 묻어가는 일이 없다'는 보고를 내놓았다.

지금은 모두 그만두었지만, 예전에 나는 서너 개 정도의 학회에 소속되어 있었다. 한 해에 한두 번쯤 얼굴을 내미는 정도였다. 학회에서는 의례적으로 다양한 연구들이 발표되었는데, 그럴 때마다 반대 의견을 내거나 트집을 잡는 사람들이 반드시 있게 마련이다. 가끔 그런 장면을 목격하면 "저 사람, 굉장한데!" 하는 감탄의 말이 절로 나왔다.

반대 의견을 펼칠 때 지적인 부분이 두드러진다는 것을 알게 된 것도 그때였다.

'반대 의견을 주장할 때, 우선 그에 따른 지식이 없으면 불가능하지 않겠는가?'

이런 의문을 가진 독자들이 반드시 있으리라 짐작되므로 미리 확실히 밝히는데 특별한 근거나 지식이 없어도 상관없다. 또한 토론을 이끌어갈 능력이나 논리를 갖추고 있지 않아도 전혀 문제가 되지 않는다.

예컨대 "그냥 느낌이지만, 이 계획안은 순탄하지 않을 것 같습니다. 특별히 문제가 될 만한 이유는 없지만, 좀…… 그렇군요. 아…… 그냥 신경 쓰지 마시고 진행하십시오" 하는 식이면 된다. 단지 당신은 지금 이 프로젝트 기획안에 반대를 하고 있다는 '자세'를 보이는 것뿐이므로 굳이 그에 걸맞는 이유가 있어야 할 필요는 없다.

혹시 당신의 반대 의견에 맞서 상대방이 더 강력하게 반론을 해온다면 그때는 주저 없이 입을 닫는 것도 잊지 말도록 하라.

당신은 상대방과 격렬한 토론을 하려는 것이 아니라 가벼운 연출의 하나로 반대 의견을 제시할 뿐이라는 걸 잊지 말고, 반드시 빠져나올 구멍을 만들어놓아야 한다. 빠져나올 기회를 놓치면 상대방과 사이가 나빠질 수도 있으므로 지혜롭게 대처해야 한다.

가장 이상적인 방법은 다음과 같은 순서로 진행하는 것이다.

(1) 상대방이 의견을 말한다.
(2) 당신은 그 의견에 살짝 반대 표시를 한다.
(3) 상대방이 업그레이드된 반론 공격을 한다.
(4) 당신은 업그레이드된 의견에 찬성을 표한다. "그거라면 승부를 걸어도 될 것 같습니다" 하는 식으로 상대를 높여주고 칭찬을 아끼지 않는다.

이 순서대로 하면 상대방도 기쁘고 당신도 지성을 어필한 격이 되니 서로 상부상조하며 기분 좋게 토론을 마무리할 수 있다.

5. 당한 만큼 그대로 돌려줘라

함무라비 법전에는 '눈에는 눈, 이에는 이'라는 법칙이 있다.

이 법칙은 비즈니스에도 응용할 수 있으니 꼭 참고하길 바란다.

그럼, 이제부터 상대방에게 당한 만큼 그대로 돌려준다는 것을 당신의 법칙으로 정해놓자.

예를 들면, "넌 정말 멍청하기 그지없구나"라는 말을 들으면 "하하, 너만이야 하겠냐"라는 식으로 반드시 돌려주도록 한다. "넌 정말 먹는 것도 느려터졌구나"라는 말을 들으면 "글쎄, 너 일하는 것보다는 빠른 것 같은데"라고 하며 한 발도 물러서지 마라.

이런 아주 사소한 것에서부터 진다면 당신은 그때부터 한심해 보일 것이다.

상대가 윗사람일 경우라도 태도를 바꾸지 마라. 뭔가 핀잔을 듣거나 명령이 떨어지더라도 반드시 그에 따른 반론을 제기하도록 하라.

야근을 하라는 명령이 떨어지면 "예, 알겠습니다. 그런데 야근하면 연봉도 오르나요?" 하는 식으로 농담처럼 그에 따른 사소한 공격을 반드시 잊지 말아라.

캘리포니아 대학교 산타바바라 캠퍼스의 찰스 맥클린톡 박사는 남녀 대학생 129명을 대상으로 두 명씩 짝을 지어 컴퓨터 게임을 하도록 하는 실험을 했다.

플레이어끼리는 서로 협력과 배신 중 하나를 선택하도록 했으며, 상대방이 도와줄 때는 도움을 주되 상대가 배신할 때는 역시 배신하도록 법칙을 정했다. 그런데 놀랍게도 게임이 끝난 후 서로에 대한 평가는 매우 긍정적이었다.

즉, 당하면 당한 만큼 그대로 돌려주자는 법칙 속에서 그들은 서로에 대해 "매우 정직하고 공평하면서 확고하고도 지적인 느낌을 받았다"라고 평가했다.

돌려주는 것이 결코 나쁜 것만은 아니다. 왜냐하면 상대방이 먼저 시비(참견)를 걸어왔기 때문이다.

상대방에게 당하면서도 참고 그냥 넘어가면 상대방은 당신을 가볍게 보기 시작할 것이다.

"이 녀석 봐라. 한 마디도 못하는 멍청이 아냐?"라고 낙인찍어버리면 계속해서 더 심한 생트집을 잡기 시작할 것이다.

결국, 크게 해를 입는 것은 당신 자신이므로 당할라치면 당한 만큼 확실하게 돌려주도록 하라.

빈정대는 듯한 농담을 들으면 당신도 똑같이 대응하고, 오랜 시간 부당하게 일을 시키면 당신도 당당히 조건을 제시하는 것이다. 그것이 평등한 인간관계이므로 반드시 그렇게 해야만 한다.

그렇게 거듭해야만 긍정적인 평가를 받을 수 있다. 이건 맥클린톡 박사의 데이터에서도 확인된 것이므로 믿고 따라가도 된다.

'맞섰다가 상대방의 화를 돋우면 어쩌지?' 하며 두려워할 수도 있으나, 사실은 그와 정반대다.

당신이 항상 대응하는 태도를 보이면 상대방 또한 당신이 생각보다 무서운 상대라는 것을 인식할 것이며, 그래서 먼저 싸움을 걸어오는 일은 절대로 없을 것이다. 두려워하지 말고 반드시 그대로 돌려주어라.

6. 아무도 입에 담지 못하는 의견을 말하라

'머리가 좋다'는 것에는 상식에서 벗어난 요소들이 머릿속을 장악하고 있다는 의미가 담겨 있다.

평범한 사람은 늘 상식적인 것만을 고집한다. 그 덕분에 지적인 분위기와는 거리가 멀어진다.

논술 시험을 치르거나 논문을 써본 사람들은 알겠지만, 상식적인 것들만 가득 적어놓으면 좋은 점수를 받을 수 없다.

아무도 상상할 수 없는, 예상조차 할 수 없었던 관점에서 생각하지 않으면 고득점을 기대할 수 없는 것이다. 그러나 시험관들의 입에서 감탄사가 흘러나올 만한 것을 보여준다면 논리적인 부분에 부족함이 있더라도 높은 평가를 받을 수 있다.

'상식의 벽을 깨뜨리는 것'을 보여준다면 그것만으로도 충분히 대단해 보이지 않겠는가?

예를 들면, 다음과 같은 상황들이다.

"전철역 앞에서 한가하게 빈둥대는 사람들을 채용해보는 것은 어떨까요?"

"이익을 포기하고 '손해 보는 쪽'을 지향해보는 것은 어떨까요?"

이런 말들을 스스럼없이 하는 당신을 향해 주위에서는 어처구니없다는 듯한 시선과 질타를 보내겠지만, 속으로는 '이것 봐라. 이 사람 의외로 대담한 부분이 있는데? 크게 될지도 모르겠어⋯⋯'라고 생각할 수도 있다.

상식에서 벗어난 관점을 표현하는 버릇이 몸에 배면 생각지도 못한 거물급 대접을 받게 될 것이다.

캘리포니아 대학교 데이비스 캠퍼스의 심리학 박사 루이스 벡톨드는 인명사전 『후즈후 Who's Who』에 실려 있는 여성 작가 273명, 예술가 254명과 아주 평범한 여성들을 비교해보았다.

그 결과, 창조적인 여성은 일반적인 여성에 비해 '상식의 틀에서 벗어났다'는 점이 판명되었다. 그들은 결코 상식에 묶여 있지 않았으며 발상 또한 독특했다.

이것은 여성을 상대로 한 연구지만 대상이 남성이더라도 크게 다르지 않을 것이다.

요컨대 당신이 허점투성이의 의견을 말하더라도 그것을 듣고 있는 상대방에겐 지적이라거나 특별한 발상을 가지고 있다는 느낌을 줄 수도 있다.

예컨대 같은 맥락으로 동료들과 같이 식사하러 갔을 때, 일부러 특이한 메뉴를 주문한다든지 하는 식으로 일행과 다르게 행동해 시선을 끌어보는 것도 하나의 방법이다.

햄버거를 주문할 때 사람들의 상식을 깨고 어린이 세트를 천연덕스럽게 주문해보는 것은 어떨까? 주위 사람들이 매우 흥미로워할 것이다.

이 방법은 '정말 이상한 사람'으로 보일 위험성도 있지만 '천재와 바보는 종이 한 장 차이'라는 말이 있듯, 지겹도록 평범한 인간이라고 여겨지는 것보다는 오히려 '이상한 사람'이라고 여겨지는 것'이 더 좋은 결과로 이어지기도 한다.

일본 고이즈미 전 총리의 경우도 처음에는 주위에서 그런 시선을 따갑도록 받았다. 그러나 그게 결과적으로 나쁘지만은 않다. 오히려 자신의 평가를 높이는 역할을 하기도 한다.

7. 아무도 흥미를 갖지 않는 것들을 배워라

'머리가 좋은 사람은 비상식적이다'라는 것을 앞에서도 언급했지만, 여기서는 그 말을 약간 확장해서 생각해보도록 하자. '아직 사람들에게 알려지지 않은 것들'을 차례대로 배워보는 것이다.

"어째서 그런 어처구니없는 이상한 지식들로만 꽉 차 있지?" 하는 비판을 받게 되더라도 신경 쓰지 말자.

어쨌든 잡다한 지식이라도 압도적으로 가지고 있으면, 그것만으로도 독특한 사람, 머리가 좋은 사람, 특별한 사람이라는 평가를 받는다.

정치, 경제에 관한 지식은 비즈니스맨이라면 누구나 어느 정도는 습득하고 있기에 특별히 도움이 되지 않는다.

누구나가 알고 있는 지식, 그런 일반적인 지식을 조금 더 알고 있다고 해서 관심의 대상이 되지는 못한다.

그것은 변호사가 법률에 관해 자세하게 알고 있는 것이나 아파트 분양 담당자가 건축 관련 지식을 겸비하고 있는 것과 크게 다르지 않다.

이왕 귀중한 시간을 내서 뭔가를 배우겠다면, 아무도 듣지도 보지도 못한 그런 것들을 찾아내서 배우는 것이 최고다. 즉, 회사 동료들이 절대 흥미조차 가지지 않을 법한 것들을 배우는 것이다.

물론 자기 자신조차 흥미를 느끼지 못하는 경우에는 아무런 의미가 없겠지만, 찾아보면 누구나 한 가지 정도는 발견할 수 있다.

일단 어느 정도 익숙해지면, 배운 것을 시간이 날 때마다 주위 사람들에게 보여주도록 하라.

예를 들면, 휴식 시간에 그동안 배운 것들을 예전부터 알고 있던 잡다한 지식처럼 살짝 들려준다거나 혹은 그것을 이용해 모두를 즐겁게 해준다면 당신은 머리 좋은 사람이 된다.

"치매 예방에는 누군가를 끊임없이 사랑하는 것이 좋다는데, 알고 있나?"

"러시아에서는 일본 에비스Ebisu 맥주가 전혀 팔리지 않았지. 왜냐구? 에비스의 뜻이 러시아어로 여성 생식기를 의미하기 때문이야. 그래서 백 년 전 일본에서 러시아까지 판로를 확장하려고 했다가 실패했어."

"철학자 칸트는 치즈를 정말 좋아했는데, 치즈를 질리도록 실컷 먹어보는 게 말년의 소원이었다네."

이런 잡다한 지식은 상대방이 "그래서 그게 어쨌는데……"라는 반응을 보이면 그것으로 끝이지만 그래도 당신이 지식을 가지고 있다는 사실에는 변함이 없다. 또한 지식이 많은 사람은 자연스럽게 지성이 묻어 나오는 법이므로 좌절은 금물이다.

조지아 테크놀로지 연구소의 에릭 롤프스 박사는 대학생 141명을 대상으로 여러 종류의 지식에 관한 20개의 질문을 가지고 실험을 했다. 그 결과, 많은 지식을 가지고 있는 사람일수록 지성도 높다는 것을 밝혀냈다. 어떤 종류든 지식을 가지고 있다는 것만으로도 지성을 느낄 수 있다는 것이다.

예를 들면 그것이 일과 전혀 관계가 없는 언어학에 관한 지식이든지, 게임에 관한 지식이든지, 장난감과 관련된 지식 혹은 성에 관한 지식이든 간에 지식을 많이 가지고 있다는 것은 좋은 일이다.

만약, 당신이 어느 한 영역을 집중적으로 파고드는 타입이라서 주위 사람으로부터 "저 사람은 지독한 공부벌레다" 하는 평판을 들을 정도의 지식을 가지게 된다면, 그야말로 정말 대단한 일이 아닐 수 없다.

아주 잡다한 지식이라도 열심히 습득해서 당신에게도 그런 평판이 들리길 바라는 마음이다.

8. 모르는 질문이라도 무조건 대답하라

 머리가 좋아 보이는 또 하나의 비결은 누군가 당신에게 질문했을 때, 주저 없이 바로 대답하는 것이다. 즉각 대답을 하지 않으면 그것만으로도 '머리 회전이 느린 녀석이구나'라고 평가당하기 십상이다.
 어떤 대답이든 상관없으니 무조건 반사적으로 대답해야 한다. 예를 들면, 거래처에서 "과연 괜찮을까? 우리 회사 제품이 A구역까지 진출해도 될까?"라는 질문을 받았다고 가정해보자.
 이런 상황에 놓였을 때, "전망이 보인다"는 대답과 "전혀 전망이 없다"는 대답 사이에서 갈등하는 태도를 보여서는 안 된다. 어느 쪽이든 상관없으니, 무조건 즉각 대답을 하라.
 상대방이 당신의 대답에 불만스런 표정을 드러낸다면, "역시 그 반대일 것 같습니다"라고 다시 한 번 대답을 수정하면 되는 것이다.
 질문을 받았을 때, 천천히 생각한 다음에 빈틈없는 답변을 하려는 생각은 버려라. 생각에 빠져 갈팡지팡하고 있는 모습만으로도 어리석게 보일 테니까.

뉴스를 진행하는 아나운서들은 영상이 깨끗하게 나오지 않는다거나 방송 원고가 바로바로 나오지 않는 불규칙한 상황 속에서도 4초 이상 침묵하면 안 된다는 교육을 받는다고 한다.

그 이유는 카메라가 클로즈업하고 있는 상황에서 입을 다물고 있으면 머리가 나빠 보이기 때문이다. 그렇기 때문에 아나운서들은 애드리브 등으로 순발력을 발휘하면서 절대 침묵이 흐르지 않도록 분발하는 것이다.

당신도 마찬가지다. 질문에 대한 답변이 마땅치 않을 때 흐르게 내버려 두는 침묵은 당신의 가치를 뚝 떨어뜨린다. 그러므로 질문을 받는 즉시 대답이 나와야 한다.

강연회에서 마지막 질문을 받을 때에도, 전혀 예상치 못했던 당황스러운 질문들이 불쑥불쑥 튀어나올 때가 많다. 그러나 그런 상황일수록 절대로 당황해서는 안 된다. 우선 침착한 태도로 "그럼, 질문에 대한 답변을 하도록 하죠. 그 전에 먼저 이 이야기부터 해드리고 싶습니다"라고 잠깐 다른 이야기로 넘어가라. 물론 적당히 관련된 이야기로 연결하면서 머릿속으로는 질문에 대한 답을 찾아야 한다. 신속하게 기승전결을 세운 다음 답변에 응한다. 단, 시간을 너무 끌면 전문성마저 의심받게 되므로 주의해야 한다.

호주 시드니에 있는 맥쿼리 대학교의 심리학 박사 티모시 베이츠의 실험에 의하면, 지능이 높은 사람일수록 귀로 질문을 받아들이면서 퀴즈에 관한 해답을 찾는 것으로 밝혀졌다. 또한 질문을 받고 대답하기까지 놀라울 정도로 시간이 걸리지 않았다. 이처럼 빠른 반응을 보이는 것은 지능이 높은 사람들의 가장 큰 특징이다.

물론 중요한 섭외나 거래에 관련된 일이라면 상황은 달라지겠지만, 부담 없는 잡담을 하고 있을 때나 일상적인 대화를 하고 있을 때라면 상대방의 질문에 지체하지 말고 대답하라.

친분이 있는 인사 담당자에게 우연히 들은 바로는 면접 때 면접관의 질문에 바로바로 대답하는 사람은 그것만으로도 좋은 평가를 받을 수 있다고 한다. 설사 원하는 대답이 나오지 않았더라도 말이다.

"당신은 책을 자주 읽습니까?"라는 질문에 "아니요. 잘 읽지 않습니다!"라고 시원시원하게 대답을 하면, 책을 읽지 않는다는 사실로 말미암아 마이너스 평가를 받을 이유가 충분함에도 좋은 평가를 주게 된다는 것이다.

자신의 발언이 완벽한지 아닌지는 신이 아닌 이상 판단하기 어렵다. 우리가 그저 할 수 있는 노력은 질문을 받았을 때 최대한 빨리 대답하는 것뿐이다.

9. 상관없는 지식을 이용해서라도 대응하라

전혀 모르는 것에 대한 질문을 받으면 누구라도 바로 대답하기가 무척 어렵다. 그러나 질문을 받고도 입을 다물고 있으면, 머리가 둔해 보이는 인상을 남긴다. 질문에 대한 해박한 지식이 없더라도 우선은 조금이나마 관련된 실마리를 찾아내어 이야기하도록 하라.

예를 들어, 회의 중 동료가 하는 말 속에 귀에 익숙하지 않은 단어나 문장들이 섞여 있어 토론의 흐름을 전혀 읽을 수가 없다고 가정해보자.

많은 사람들이 이런 상황에 의외로 자주 부딪히곤 한다. 이럴 때 당신의 머릿속은 혼란에 빠질 것이 분명하다.

'큰일 났네, 디마케팅이 무슨 뜻이지?'

(여기서 말하는 '디마케팅'이란 예를 들어 담배를 판매하면서도 공공장소에서는 담배를 피우지 말자고 광고하는 것을 의미한다. 매출이 크게 떨어질 위험성

에도 불구하고 이미지 관리를 위해 선택할 수밖에 없는 전략이라고 볼 수 있다.)

머릿속에서 삐거덕거리는 소리가 들리는 이런 상황에 처하게 되면, 토론에 참가한 의미조차 상실하게 된다.

이런 상황에서 당신의 생각을 듣고 싶어 한다면 어떻게 대처해야 할까?

이런 위기 상황에서는 질문과 직접 관계가 없는 다른 문제에 대한 의견을 말하는 것이다. 물론 모든 학식을 끌어 모아서 능숙한 언변으로 상대방을 당신의 리듬으로 압도해야 한다.

문제와는 전혀 연관성이 없더라도 보여줄 수 있는 지식이라면 무조건 펼쳐 보인다. 토론에 관한 것은 모두 무시하고, 자신이 가지고 있는 지식만을 일방적으로 주장한다. 그런 다음 "물론 적절한 대답이 됐다고 생각하지는 않습니다만……"이라고 하면서 자리에 앉는다.

당신의 생각을 알고 싶어 하는데 "잘 모르겠습니다" 하는 식의 대답은 모두를 난감하게 만든다. 그럴 바에는 자신에게 다른 지식이 산더미처럼 쌓여 있다는 느낌을 풍겨서라도 절대 허수아비 취급을 받는 일은 없어야 한다.

이 방법은 전문적인 학회에서도 자주 사용된다. 학회에서 발표가 끝난 후 질문을 받았을 때 횡설수설하는 발표자들이 어김없이 있다. 그러나 학회에 어느 정도 익숙해지면 대부분의 사람들은 질문과는 전혀 상관없는 대답으로 자연스럽게 그 난처한 상황에서 벗어난다. 그리고는 "원하는 대답에 부응했는지요?"라며 정리해버리는 노련함까지 발휘한다. 당연히 적절한 대답이라고는 할 수 없다. 그러나 상대방은 더이상의 질문을 하지 않는다.

때로는 토론에 관련된 질문에 대한 답변으로 눈곱만치도 연관이 없는 이야기를 해야만 한다는 사실에 망설이는 분들도 있을 것이다. 그렇다면 이야기를 시작하기 전에 확실하게 말하면 된다.

"지금 토론하고 있는 것과는 전혀 다른 방향의 이야기를 하고자 합니다만……."

"지금까지 말씀하신 것과는 약간 다른 시점에서 제 의견을 말씀드리고자 하는데……."

이런 분위기를 자연스럽게 조성하면 다른 이야기를 끌고 오더라도 비판받게 되는 일은 없을 것이다.

무조건 "알겠습니다" 또는 "전 특별히 이렇다 할 의견은 없습니다" 하는 최악의 발언은 삼가자. 당신의 의견을 듣고 싶어 하면 뭐가 되었든 상관없으니 뒤로 도망가지 말고 적극적으로 표현하라.

그게 여행에 관한 것이든, 날씨에 관한 것이든, 역사에 관한 것이든 간에 머릿속에 존재하고 있는 모든 지식을 끄집어내는 것이 포인트임을 절대 잊지 마라.

SF 작가인 아이작 아시모프는 "인간은 불필요한 지식일지라도 그 수가 증가하면 쾌락을 느끼는 동물이다"라고 했다. 당신이 쉴 틈 없이 늘어놓은 잡다한 지식들을 통해 생각지도 않은 즐거움을 느끼는 사람이 있을지도 모르는 일이다.

COLUMN
안경을 써라

　지적인 분위기를 풍기기 위한 방법으로 안경만큼 좋은 것도 없다. 안경을 쓰면 대부분 지적인 느낌이 든다. 이유야 어쨌든 그렇게 보인다는데 쓰지 않을 이유가 없다. 눈이 나쁘지 않은 사람은 도수가 없는 것을 선택하면 된다. 또한 동안으로 보이기 위해서, 직장에서 후배 등에게 얕보이지 않기 위해서 가능하면 안경을 써라.

　뉴질랜드 와이카토 대학교의 심리학 박사 폴 하미드는 대학생 52명에게 동일한 인물이 안경을 착용했을 때와 착용하지 않았을 때의 사진을 보여주고 "이 인물에 대해 어떻게 생각하느냐?"는 질문을 했다.
　그 결과, 대체로 호의적인 평가를 받은 것은 안경을 착용했을 때였다. 즉, 안경을 쓰고 있으면 쓰고 있지 않을 때보다 지적으로 보인다, 예술가처럼 보인다, 자신감 있어 보인다, 세련된 느낌을 준다, 믿음직스런 느낌을 준다는 등의 좋은 평가를 받았다. 굳이 마이너스적인 면을 든다면, "보수적으로 보인다"는 정도였다.
　실제로 나는 안경을 벗으면 사기꾼 같은 느낌이 드러난다. 그러나 안경을 쓰면 훌륭한 선생님처럼 보인다고들 한다. 친

한 친구에게도 그런 의견을 들은 적이 있다. 그렇기 때문에 강연이나 세미나에 참석할 때는 반드시 안경을 쓴다. 하미드 박사의 데이터 결과에 따르면, 안경을 착용하면 전문성 또한 한층 어필하는 효과를 기대할 수 있다고 한다.

또 안경을 착용한 사람을 5초 동안 보여준 다음, 그 사람의 지능지수에 대해 추측해보도록 한 실험에서도 안경을 착용하지 않은 사람보다 지능지수가 높아 보인다는 반응이 압도적이었다. 역시, 지적인 연출에는 안경을 빼놓을 수가 없다.

그러므로 안경점에 들러서 지적으로 보이는 안경을 구입해보도록 하자.

비즈니스 전문 잡지 등을 보면 안경을 소품으로 사용하는 방법 등에 관한 소개가 빠지지 않는다. 고객에게 더 큰 신뢰감을 주고자 할 때, 거래처와의 계약을 능숙하게 처리하고자 할 때, 안경을 착용해보자. 한층 더 머리가 좋아 보이는 효과는 물론, 생각 이상으로 일의 진행에 도움을 받을 수도 있다. 그렇기 때문에 안경을 가볍게 생각해서는 안 된다. 이왕 안경을 구입할 거라면 최대한 지적인 느낌을 줄 수 있는 것을 선택하도록 하자.

PART 3

지성을 단번에 높이는 테크닉

1. 학력을 유머러스하게 바꿔보라

지성을 겸비한 엘리트처럼 보이게 하는 방법 중에 이것을 따라갈 만한 것은 없다.

만약 모두가 부러워하는 일류 대학교를 졸업했다면 거침없이 이야기하라. 물론 거만한 태도를 보여서는 안 되겠지만 이 사실을 어필하는 것도 잊어서는 안 된다.

그 대학 졸업생 중에 유명인이 있다면, 줄줄이 이름을 대면서 "알고 보니 그 유명한 영화배우 ○○○ 씨가 대학 선배였더라고요", "오페라 가수 ○○○ 씨와 같은 동아리에서 활동했었습니다" 하는 식으로 언급한다면 크게 밉상처럼 보일 일은 없을 것이다.

"비즈니스는 실력으로 승부를 낸다. 학력은 상관없다!"

이런 말을 하는 사람들이 있다. 그러나 그것을 그대로 받아들여서는 안 된다. 학력은 대단히 중요하다. 실력주의 국가인 미국에서조차도 하버드나 프린스턴 같은 일류 대학교 졸업생을 선호하며, 그것만으로도 성공적인 비즈니스로 연결되는 것이 엄연한 사실이며 부정할 수 없는 오늘날의 현실이다.

만약, 당신이 세계적으로 인정받는 일류 대학교를 졸업하고도 이를 말하지 않았다면 이는 어리석은 일이다. 자연스럽게, 은근슬쩍, 그러나 확실하게 출신 대학교를 알릴 수 있도록 이야기를 끌고 나가는 것이 가장 이상적이다.

물론, 모든 분들이 일류 대학교를 졸업했을 리는 만무할 것이다. 그래서 다음과 같은 방법을 소개하고자 한다.

그것은 바로 '학력 사칭'이다. 하지만 실제로 존재하는 대학교들의 이름을 사용한다면 그건 엄연히 법률적으로 위반되는 행위이므로, 반드시 존재하지 않는 학교여야 한다. 외국에 있는 대학처럼 적당히 이름을 꾸며내서, 어디까지나 '농담이었음'을 확실하게 주장할 수 있도록 해두어야 한다.

"전 오스트리아에 있는 게아치드 대학교를 졸업했습니다."

바로 이런 느낌이라고나 할까?

아직까지도 외국에 있는 대학교를 선호하는 사람들이 많기 때문에 외국 소재 대학교를 졸업했다고 하는 것만으로도 당신은 황금으로 칠을 한 것처럼 반짝반짝 빛나 보일 것이다. 다만, 나중에 일이 꼬이는 것을 피하기 위해서라도 반드시 존재하지 않는 대학교여야 한다는 것만은 명심하라.

반드시 허위로 꾸며낸 이름이어야 하는 이유가 있다. 행여 상대가

"정확한 위치가 어떻게 되는데?", "그럼 독일어를 할 수 있겠네?" 하는 식으로 계속 추궁해 오면 "하하하! 게아치드 대학교, 그런 건 없습니다. 농담 한번 해본 건데 진짜로 믿으셨군요" 하고 웃어넘길 수 있어야 하기 때문이다.

그렇게 빠져나갈 구멍만 준비해두면 내게 도움이 될 만한 거짓말 정도는 부담 없이 할 수 있다. 물론 이력서 같은 서류에 거짓 학력을 적는 것만큼은 절대 해서는 안 된다. 그러나 일상에서 나누는 대화 정도에서라면 어디까지나 장난기 섞인 농담임을 전제로 하므로 크게 문제될 것은 없다.

만약 거짓이 들통 나지 않으면 당신은 한층 업그레이드가 될 것이고, 거짓이 들통 나더라도 '유머를 겸비한 사람'으로 평가가 올라갈 테니 결국 어느 쪽이 되든지 손해 볼 것은 없다.

심리학자 윌슨은 대학생들에게 "이 사람은 여러분과 같은 대학생입니다"라고 할 때와, 동일한 남성을 "이분은 케임브리지 대학교 교수이십니다"라고 할 때의 평가가 크게 달라진다는 것을 실험을 통해 확인했다.

"학력이나 직함으로 사람을 평가하지 마라!"

이것도 평상시 자주 듣는 말이다. 그러나 그런 주장에 동감하면서도 실제로 흔들리는 게 바로 인간이다. 따라서 조금이라도 자신을 지적으로 보일 수 있는 학력을 준비해두는 것이 한편으로는 현명하다고 할 수 있다.

2. 과거의 성공 실적을 은근히 자랑하라

당신도 지금까지 살아온 인생을 샅샅이 뒤져본다면, 크고 작은 것을 떠나서 성공적인 실적에 관한 체험담이 한두 가지 정도는 있을 것이다.

그것들을 기회가 있을 때 은근슬쩍 자랑해보라. 자랑할 거리들은 자신을 보다 크게 보이기 위해서 절대적으로 필요한 것이다.

수컷 고양이는 다른 수컷과 싸울 때 등을 활처럼 구부리고 털을 세워서 자신의 몸을 일부러 크게 보이도록 한다. 공작이나 닭의 경우도 싸움을 할 때 자신을 좀더 크게 보이기 위해 날개를 있는 힘껏 펼친다.

이 모든 것이 자신을 크고 멋있게 보이도록 하기 위한 일종의 위장이다. 그렇게 하지 않으면 치열한 경쟁에서 패배하기 때문이다.

당신도 비즈니스라고 하는 경쟁 사회 속에서 승자가 되고 싶다면 있는 힘껏 자신을 과장해서 보여주어야 한다.

사람들에게 자랑할 만한 실적이 있다면 학력과 마찬가지로 필사적으로 상대방의 인식을 유도하는 것이 경쟁에서 이기는 방법이다.

예를 들어 비즈니스 계약 체결에 대한 실적이 남달리 뛰어나다면, 의도적으로 후배에게 질문을 던져봐라. 그러면 반드시 같은 질문이 돌아올 것이다.

"선배님이야말로 지금까지 달성한 것 중 최고 기록이 어느 정도인가요?"

그러면 자연스럽게 당신의 자랑을 할 수 있는 기회가 생긴다.

"글쎄, 최고 기록은 한 달에 백 건 정도라고 할까. 그 정도야 대단하다고 할 수도 없지."

이런 식으로 자신을 은근히 선전할 기회를 만든다.

이렇게 자신을 치켜세울 만한 자랑거리가 있을 때는 먼저 상대방에게 같은 질문을 던지면 된다. 물론 호감 어린 태도는 필수다. 그러면 자연스럽게 자신을 어필할 수 있는 기회가 주어질 것이다. 그때, 내숭은 금물! 봇물이 터진 듯 쏟아내라.

미국 뉴저지 주립대학교의 심리학자 로리 루드맨에 의하면 상대방에게 자신 있는 부분을 많이 어필할수록 '뛰어난 지성'을 겸비한 사람이라는 인식을 무의식중에 상대에게 심을 수 있다고 한다.

이를 근거로 예를 들면, 면접 중에 자신의 뛰어난 부분이나 뛰어났던 성과를 당당하게 말하는 사람일수록 합격 가능성이 높아질 것이다.

그러므로 기회를 만들어서라도 어필하도록 하자. 단, 뭐든지 도가 지나치면 화를 부른다는 것을 염두에 두길 바란다. 오히려 너무 잘난 체한다고 크게 미움을 받거나 경계의 대상이 될 위험도 있으니 주의하자.

그러나 그런 결과를 낳는 것은 이 비법에 문제가 있어서가 아니라 다루는 방법이 서투르기 때문이다. 적절하게 자유자재로 다룰 수만 있다면 당신에 대한 기대감을 올리는 최고의 비법이 될 수도 있다. 그러면 당신을 대하는 사람들의 태도 또한 달라질 것이다.

마지막으로 그 비법에 대해 정리해보자.

(1) 자신을 어필하는 것은 하루에 한 번만 한다.
(2) 자랑을 할 때는 상대방 쪽에서 질문하도록 유도한다.
(3) 수줍어하면서 이야기한다. 그러면 겸손해 보이는 효과를 볼 수 있다.
(4) 반드시 마지막에는 "그리 대단한 것은 아닙니다"라고 스스로 가볍게 부정한다.
(5) 지나친 부정은 금물. 오히려 심한 불쾌감을 줄 수도 있다.

한 번 정도는 시험해보길 바란다.

3. 호리호리한 체형을 유지하라

머리가 좋은 사람은 뚱뚱하지 않다. 대부분 호리호리한 체형을 가지고 있다. 물론 예외도 꽤 있지만 평균적으로는 호리호리하다.

식사를 할 때, 마치 말이나 소가 먹는 것처럼 야채를 그릇이 넘치도록 담거나 밥그릇이 아닌 국그릇에 밥을 수북이 퍼 올려서 게걸스레 먹는 모습이 의외로 호쾌해 보일 수도 있다. 그러나 결코 매력적으로 보이거나 지적인 이미지를 풍기진 못한다.

지성을 어필하고자 한다면 적게 먹어라. 기본 전략 중 하나인 '입이 짧다'는 이미지를 부각시켜라.

호리호리한 사람은 신경질적으로 보이는 부정적인 면도 지니고 있지만, 뛰어난 두뇌 회전력을 갖추었을 것 같은 분위기를 풍길 수 있다. 그러므로 약간의 부정적인 이미지는 감수하라.

고백하자면 나는 예전에 '애교스런 뚱뚱보'였다. 뚱뚱보도 경우에 따라서 인기를 얻을 수 있을지는 모르겠으나 지적인 이미지를 얻기는 어렵다. 그리고 어리석어 보인다는 치명적인 단점을 갖게 된다.

그런 이유로 체력을 단련하기 시작했고, 노력한 끝에 만족스러운 결과에 이르렀다.

분명 지적인 분위기는 체형에서도 나온다. 당신도 체형 관리에 신경을 곤두세우고 균형 잡힌 몸을 만들어보라. 건강에 좋기 때문에 하라는 것이 아니다. '지적'인 연출을 위해 도전해보라는 것이다.

이것은 이스턴 미시간 대학교 리처드 러너 M.박사의 연구에 의해 확인되었다.

박사는 대학생 182명을 대상으로 '비만 체형'과 '근육질 체형'의 실루엣을 보여주고 어떤 사람으로 연상되는지에 대해 조사했다. 이것은 우리의 체형에서 발산되는 몸 이미지에 대한 연구였다.

그 결과, '머리가 나빠 보인다'라는 평가에서 비만 체형은 66퍼센트, '근육질 체형'은 34퍼센트가 나왔다. 운동만 하는 '몸짱'의 경우, 머리가 비어 보일 수는 있지만 자기 관리를 하지 못하는 뚱뚱보에 비하면 머리가 좋아 보인다는 평가였다.

호리호리한 체형을 유지하자.

서른이 넘어서 뱃살이 나오기 시작한다면 건강관리가 소홀해진 것이다. 마르면 마를수록 지적으로 보인다는 것을 잊지 마라. 지적으로 보이기 위한 노력은 당신의 미래를 위해서 반드시 넘어야 할 중요한 단계임을 명심하라.

〈표〉 뚱뚱한 것만으로도 머리가 나빠 보인다.
그러므로 주의하자.

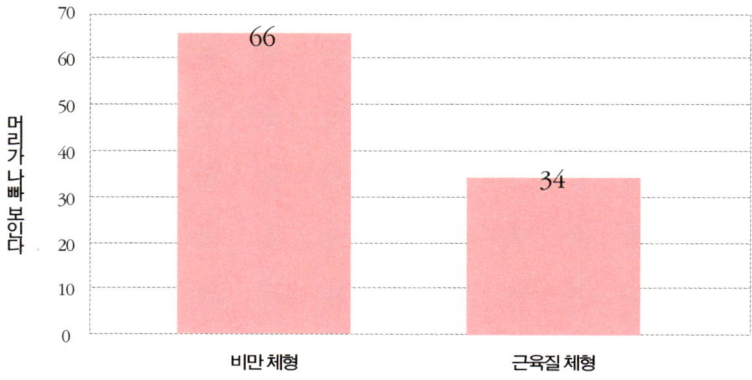

4. '크게' 소리 내어 웃어라

재미있는 일이 있을 때는 '크게' 웃어라.

호탕하게 "으허허" 하며 웃어도 좋고, 유쾌하게 "아하하"라고 웃어도 좋다.

여기에서 중요한 것은 확실하게 소리를 내어 크게 웃는 것이다. 웃는 방법은 하나지만, 지적으로 보일 수도 그렇지 않을 수도 있으니 방심하지 마라.

브라질 상파울루 대학교 실험 심리학자 시몬 사라 박사는 선생님에게 웃고 있는 아이들의 얼굴을 관찰하도록 한 후, 아이들의 우수성을 추측하도록 하는 실험을 했다.

이 실험은 아이들의 '웃는 얼굴'을 다음의 세 가지로 분류한 다음, 웃는 모양에 따라 상대방에게 어떤 인상을 주는지를 살펴본 것이었다.

(1) 입을 다물고 가볍게 미소만 짓는다(소리는 내지 않는다).
(2) 입을 벌리고 환하게 웃는다(소리는 내지 않는다).
(3) 크게 소리 내어 웃는다.

그 결과, 선생님 입장에서는 '크게 소리 내어 웃는' 아이가 가장 우수해 보였다고 한다. 제일 인상이 나빴던 경우는 '입을 다물고 가볍게 미소만 짓는다'는 것이었는데, 이런 아이는 그리 우수해 보이지 않았다고 한다.

이왕 웃을 거라면 크게 소리 내어 호탕하게 웃어라. 입 꼬리만 살짝 올린다든지, 눈으로만 웃는다든지 하는 웃음은 '우수성'을 어필하는 데 턱없이 부족하다.

모처럼 재미있는 일이 있다면 호쾌하게 큰 소리로 웃어라. 수줍어하지 말고 상대방이 깜짝 놀랄 정도로 웃어보자.

한 가지 덧붙이자면, 소리를 내어 웃으면 우수성의 어필은 물론 '리더십'도 느껴진다고 사라 박사는 말한다. 주위에 있는 사람들로부터 관심의 대상이 되길 원한다면 더더욱 큰 소리로 웃어라.

웃음소리를 내지 않으려고 힘겹게 안으로 삼키는 사람도 있지만, 이런 소극적인 웃음은 자신을 어필할 수 있는 기회를 스스로 내던져버리는 것이나 마찬가지다. 웃을 일이 있으면 입을 크게 벌리고 상대를 흔들어놓을 정도로 호쾌하게 웃어라.

〈표〉 이왕 웃을 거라면 '크게' 소리를 내어 호탕하게 웃어라.

● 출처: Sara, S., & Otta, E.
● 수치는 상관계수. +1.00에 가까울수록 선생님에게 '우수하다'는 평가를 받은 것을 나타낸다.

5. 상대방의 눈을 보면서 이야기하라

여기서 잠깐 시선과 맞장구를 치는 방법에 대해 언급하고자 한다.

이 방법은 웨스턴 일리노이 주립대학교 잭 L.하워드의 연구를 통해 확인된 것이므로 그 효과는 두말할 것도 없다.

하워드는 두 사람이 서로 대화하는 모습을 촬영한 다음, 그 비디오를 비즈니스맨 116명에게 보여주었다. 그러고는 어떤 사람이 우수해 보이냐는 질문을 했다.

그 결과, 우수해 보이는 사람은 다음과 같은 행동들을 보이고 있다는 것이 판명되었다.

(1) 45초마다 상대의 눈을 주시한다.
(2) 3분마다 미소를 짓는다.
(3) 90초마다 맞장구를 친다.

이와 반대되는 사람, 즉 우수해 보이지 않는 사람의 행동에 대해서도 분석했다.

(1) 60초마다 상대의 눈을 주시한다.
(2) 7분마다 미소를 짓는다.
(3) 2분마다 맞장구를 친다.

한마디로 말하자면, 우수해 보이지 않는 사람은 시선 마주치기, 미소, 맞장구 등 모든 면에서 소극적이었다.

요컨대 상대방의 눈을 보면서 이야기하고, 적어도 3분에 한 번씩은 부드러운 미소를 보내고, 맞장구를 자주 쳐주면 우수해 보인다는 결론이 나온다.

반대로, 시선을 맞추지 않고 고개를 숙인 채 대화를 한다든지 하면 자신감이 부족하다는 인상밖에 주지 못한다. 이는 결투에서 진 개가 꼬리를 내린 것과 크게 다르지 않다.

그렇기 때문에 비즈니스와 관련된 중요한 자리에서는 상대방과 적극적으로 시선을 맞추면서 대화하는 것이 무엇보다도 중요하다.

시선을 교류하면서 대화를 하면 그것만으로도 자신감 넘치고 당당해 보인다. '이 사람이라면, 같이 일을 해도 괜찮을 것 같다'는 믿음을 주는 것이다.

자신이 해낼 수 없을 것 같은 주문이 들어왔을 때, 당황스런 눈빛으로 시선을 피하면 상대방은 당신에게 일을 맡길 마음이 사라질 것이다.

따라서 그런 상황에서는 상대방의 눈을 지긋이 바라보면서 부드러운 미소와 함께 "네, 가능합니다. 맡겨만 주십시오" 하는 식의 자신감 넘치는 대답을 하라. 그러면 상대방도 당신에 대한 믿음이 커질 것이 분명하다.

6. 재치를 멋있게 살려라

　머리가 좋아 보이는 요소 중에서 '기지機智'가 빠질 수 없다. 기지에 담긴 의미는 모든 일을 재치 있게 대응한다는 것이다.
　예를 들면, 의자가 부족할 때 주위에 있는 박스를 가져다가 의자 대용으로 사용한다든지, 수첩이 없을 때 명함 뒤에 메모를 하는 행동들이다. 이것을 우리는 보통 "재치가 있다"고 표현한다.
　재치가 있는 사람은 그것만으로도 머리가 뛰어나 보인다. 발상력이 풍부하고 유머러스한 아이디어를 쏟아내는 그런 모습에서 사람들은 지성을 느낀다.
　그렇다면 회사 내에서 문제가 생겼을 때 재치를 살려서 해결할 수 있는 아이디어를 제시해보는 것은 어떨까? 먼저 동료들에게 웃음거리가 될 각오를 한 뒤 아무도 생각조차 못 했던 아이디어를 제시해보는 것이다.

'브랜디 중의 브랜디'라는 최고의 호평을 받고 있는 코냑은 순전히 재치 때문에 만들어진 술이다.

코냑 지방에서 포도 풍년을 맞게 되었다. 그러나 그 양이 너무 많았던 탓에 와인의 생산과잉으로 이어졌고, 그로 인해 포도 가격이 현저하게 떨어졌다. 고민하던 생산자는 '아예, 포도를 태워버리는 게 낫겠다'는 생각에 산더미처럼 쌓인 포도 더미에 불을 붙였다. 그런데 타고 남은 포도즙에서 무척이나 달콤하고 매혹적인 향기가 나는 것이 아닌가. 그것에 힌트를 얻어 포도주를 증류해서 만든 지금의 브랜디가 탄생하게 된 것이다.

재치를 발휘할 수만 있다면 의외로 이것이 비즈니스를 성공적으로 이끌어가는 계기가 될 수도 있다.

패션 디자이너 켈빈 클라인이 성공하게 된 계기는 최초로 받은 주문 때문이었다. 그의 재치로 거머쥔 최초의 주문에 대한 일화는 유명하다.

켈빈 클라인은 1968년 스물다섯 살에 뉴욕 요크 호텔 내에 1호점을 오픈했다. 그러나 시간이 지나도 매출은 제자리걸음이었다.

그러던 어느 날, 층을 착각한 한 바이어가 클라인이 운영하는 가게에 들어왔다. 보통이라면, "잘못 찾아오신 것 같습니다" 하며 돌려보냈을 것이다. 그러나 클라인은 바이어를 돌려보내기는커녕 재치를 발휘해서 컨설팅세일즈를 했다.

바이어의 반응은 의외였다. 바로 그 자리에서 클라인과 5만 달러에 해당하는 계약을 체결한 것이다.

미국 텍사스 대학교 오스틴 캠퍼스의 데이비드 버스 박사는 타인에게 사랑받기 위해서는 지성이 필요하다고 역설한다. 그러나 지성을 느끼도록 하기 위해서는 반드시 '기지'의 요소가 필요하다고 강조한다. 머리의 총명성은 어떤 상황에서 어떤 재치를 발휘하는가에 따라 판가름이 나기 때문이다.

양상추와 양배추를 혼동하더라도 "둘 다 야채잖아?"라고 능숙하게 받아치는 것이 바로 기지임을 잊지 말자.

재치를 발휘하기 위해서는 사물을 너무 깊게 생각하지 말아야 한다. 너무 진지하게 생각하면 순간적인 재치를 발휘할 수 없다. 따라서 긴장을 풀 수 있는 여유로운 마음도 필요하다.

7. "아자, 난 할 수 있어!"라고 외치면서 일하라

열정적으로 일에 임하는 모습은 능력 있는 비즈니스맨에게 반드시 필요한 연출법이다.

'열정적'으로 일하는 모습을 어필하자.

일에 모든 열정을 쏟아 붓는 모습은 지켜보는 사람들의 마음을 움직인다.

캘리포니아 대학교 리버사이드 캠퍼스의 하워드 프리드먼 박사는 미국에서 실시한 대규모 천재아 연구에 참가한 남성 856명과 여성 672명의 발자취를 조사했다.

그 결과, 어린 시절에 천재라고 불렸던 아이는 성장을 해서도 강한 동기부여를 가지고 있으며 활력이 넘치고 열정적이라는 것이 확인되었다.

열정적인 자세는 머리가 뛰어난 사람들의 특징이기도 하다. 그러나 평범한 우리도 그렇게 보일 수 있는 방법이 있다. 바로 열정적으로 보이도록 연기를 하면 된다.

가장 쉽고 빠른 방법으로는 평상시에 활력이 넘치는 목소리를 구사하는 것이다. 그것만으로도 당신은 충분히 열정적인 사람으로 보일 수 있다.

"아자, 아자, 난 할 수 있다!"

"오케이, 오케이, 좋아, 좋아. 오늘은 여기까지만."

이런 느낌이면 충분하다. 힘이 넘치는 목소리(남들에게 들려야 하니까)로 맡은 일을 하는 것이다.

다른 사람들로부터 "정말, 시끄러워서 집중이 안 되네. 조용히 좀 합시다!"라는 핀잔을 들을 정도로 과장할 수만 있다면 성공이다. 주위 사람들로부터 지적을 당할 정도라면 열정적인 생명력과 에너지를 가지고 있다는 것을 확실히 어필한 셈이다.

'너무 요란하면 오히려 머리가 텅 비어 보이진 않을까?'

이런 걱정은 하지 않아도 된다. 상식적으로 천재적인 사람은 공부 또는 맡은 일만을 묵묵히 하는 이미지지만 사실은 그 반대다.

프리드먼 박사의 연구에서도 확인된 사실인데 머리가 뛰어난 사람은 활력이 넘친다.

조용하고 묵묵하게 일에만 전념하는 사람은 어느 누구에게도 관심의 대상이 되기 어렵다. 있는 듯 없는 듯 조용히 일만 하는 사람들도 있지만, 그런 사람들은 대체적으로 좋은 평가를 받지 못한다. 반대로, 사람들에게 늘 시끌벅적한 이미지로 핀잔을 받는 쪽이 평상시에도 활력이 넘칠뿐더러 열정적으로 일에 매달리는 분위기를 자아낸다.

"아자!"

자주 이렇게 기합을 넣자. 당신의 넘치는 활력을 주위 사람들도 느낄 수 있도록, 그리고 전염될 수 있도록 힘을 실어서 다시 한 번 "아자!"라고 해보자.

여름이면 불타오르는 열정 속에서 후끈 달아오르는 고교 야구를 당신도 한번 보길 바란다. 건강과 젊음이 넘쳐나는 선수들의 기합 소리와 기세등등한 모습을 보고 있노라면 절로 기분이 좋아진다. 시합에 흠뻑 빠져 응원에 열을 올리고 있는 학생들의 모습에서도 애착을 느끼게 된다.

그런 젊음, 그런 활력을 회사에서도 느낄 수 있다는 것은 행복이 아닐 수 없다. 그러나 "신입! 너무 시끄럽다!"라는 선배의 한마디 혹은 상사들의 지적을 받을 수도 있다. 이럴 때 어떻게 대처해야 할까?

그런 상황에서는 "예, 죄송합니다!"라고 힘차게 대답하면 된다. 그러면 상대방은 쓸쓸한 미소를 지을 수도 있겠지만 결국 '축 처져 있는 것보다는 낫지……' 하며 당신을 인정해줄 것이다.

왜냐하면 다른 사람과 잡담을 하느라 시끄러운 것도 아니고, 일을 따분해하거나 게으름을 피우면서 주위의 분위기를 흐트러뜨리는 말을 하고 있는 것도 아니기 때문이다.

8. 서투른 것일지라도 적극적인 태도를 보여라

세상에는 한 번도 해보지 않은 일들이 많다.

만약 주차장 바닥 타일이 떨어졌다고 가정해보자. 콘크리트를 사용해서 고쳐야 하는 이런 일을 비즈니스맨인 당신에게 맡긴다면 잘할 수 있을까? 사무실 형광등을 갈아 끼워야 할 상황에서도 마찬가지다.

평상시 해보지 않은 일들은 손에 익숙하지 않아서 서툴게 마련이며 대부분의 사람들은 이런 귀찮은 일을 기피한다.

그러나 다른 사람들이 불편해하는 일을 발견한다면 그게 바로 기회라고 생각하자. 다른 사람들이 기피하는 일을 당신이 나서서 해버리는 것이다.

"과장님, 회사 입구 옆에 타일이 떨어져서 보기가 흉하던데, 제가 점심을 얼른 해결하고 수리 좀 해도 괜찮을까요?"

"어, 그래? 할 수 있겠나?"

"예, 지난 주말엔 화단도 만들었는걸요."

"그래? 그럼, 수고 좀 해주게."

다른 사람들이 불편해하는 일을 할 수만 있다면 그것만으로도 당신은 감동을 주고도 남을 터이다.

물론, 전혀 해본 적도 없고 능숙하게 잘할 자신은 더더욱 없을지라도 여기서 중요한 것은 적극적으로 최선을 다하려는 자세다. 왜냐하면 모두가 자신 없어 하는 일에 서투르다고 해서 당신을 비웃거나 하지는 않을 테니까. 오히려 그런 태도를 좋게 평가할 것이다.

사무실 내에서 전자 제품 등의 기기에 이상이 생기면 제일 빠른 방법은 수리 업자를 부르는 것이다. 그러나 그런 상황에서 당신이 맥가이버처럼 고칠 수만 있다면 자신에게로의 시선 집중은 따놓은 거나 다름없다.

예를 들면 복사기나 팩스, 컴퓨터 등등에 이상이 생겼을 때 한마디해보자.

"제가 한번 봐도 될까요?"

만약, 고치기라도 한다면 당신은 회사 내에서 작은 영웅 대접을 받을 수도 있다. 그게 다른 사원들이 못하는 일이라면 당신을 더욱 존경스런 눈빛으로 우러러볼 것이다. 자신이 할 수 없는 일을 능수능란하게 하는 사람이 멋있어 보이고 존경스러워 보이는 것은 인지상정이다.

그러나 고치지 못하는 경우도 있을 것이다. 그럴 때는 예컨대 "베

어링이 완전히 멈춘 것 같습니다. 더이상은 저도 어쩔 수가 없네요" 한다든가, "내부 기판에 문제가 있는 것 같습니다. 여기에서 분해하기는 힘들 것 같네요" 하며 적당히 둘러대면 된다. 결국, 아무것도 해결하지 못했지만 주위에는 전혀 지식이 없는 사람들뿐이므로 그것만으로도 충분히 최선을 다한 것이 된다.

예일 대학교의 로버트 스턴버그 박사는 "서투른 문제를 어느 정도 처리할 수 있는가에 따라 지성이 결정된다"고 했다. 익숙한 것들보다 익숙하지 않은 것들과 부닥쳤을 때 머리의 좋고 나쁨이 결정된다는 것이다.

"저도 그리 잘하는 것은 아니지만……."

"저도 자세히 알고 있는 것은 아니지만……."

이렇게 한발 비켜서며 서투르더라도 최선을 다해 문제에 대응하는 적극성을 보여주길 바란다.

옛날 가정에서는 아버지가 뭐든지 해결했다. 세탁기가 고장이 나거나 의자 다리가 부러지거나 하면 서투른 망치질도 마다하지 않았다. 그런 아버지의 모습은 무척 믿음직스러웠다.

아버지가 가정에서 존경받았던 이유는 서투른 일도, 힘든 일도 마다하지 않았기 때문이다. 일상에서 그런 모습을 자주 접할 수 있었기에 우리 눈에 비치는 아버지는 절대적인 존재일 수밖에 없었다.

요즘에는 수리를 하거나 보수 공사를 하는 아버지를 찾아보기 어렵다. 아버지의 힘이 상대적으로 약해지고 있는 이유는 바로 그런

'믿음직스런 모습'을 보여줄 수 있는 기회가 적어졌기 때문 아닐까?

약간 이야기가 중심에서 벗어나 버렸지만 여기서 강조하고 싶은 것은 주위 사람들이 못하는 일들을 당신이 적극적으로 나서서 해결하는 것도 그리 나쁘지 않다는 것이다. 그것만으로도 표창을 받을 만하다.

9. 약한 모습은 절대로 보이지 마라

　우수한 사람으로 보이고 싶다면 절대 귀가 얇아서는 안 된다. 다른 사람들 말에 신경 쓰지 마라. 자신의 생각을 그대로 밀고 나아가라. 강한 자신감은 당신을 더욱 강하게 만든다.
　또한 그렇게 보이도록 스스로를 관리하라.
　자신의 생각을 전달할 때, 말끝에 "……라고 생각합니다. 아마", "……라고 생각합니다. 자신은 없지만……" 등등의 불필요한 말은 굳이 달지 않아도 된다.
　매사에 자신감을 가지고 당당함을 발산하는 것이 우수한 사람들이 가지고 있는 특징이다.
　자신감이 없어 보이거나 불안한 단어들을 늘어놓기만 한다면, 그것만으로도 당신의 평가는 낮아진다.
　여기서 강조하고 싶은 것은 당신의 의견을 조금도 굽히지 말고 단호하게 주장한다면, 그것만으로도 상대방은 당신에게 압도당한다는 사실이다. 그런 강한 태도는 비즈니스맨이라면 반드시 지니고 있어야 한다.

당신도 그런 강한 부분이 있다는 것을 어필하도록 하자.

"이렇게 부족한 내가 정말로 그 큰 프로젝트에 참가해서 잘할 수 있을까요?"

"내 생각대로 밀고 나가도 정말 괜찮을까요?"

이런 식의 발언은 주위 사람들을 더욱 불안하게 만든다.

약한 모습을 보이는 상사나 리더는 부하들로부터 신뢰받을 수 없다. 그렇기 때문에 만약 마음이 약해지거나 불안해질지언정 실수로라도 그런 말은 내뱉으면 안 된다. 강하게, 무조건 강하게 밀고 나아가는 모습만을 어필하라.

캔자스 주립대학교의 제임스 샨토우는 농업, 건강관리, 회계, 경영 등의 전문가들을 대상으로 연구에 돌입했다. 각계에서 최고의 전문가로 인정받고 있는 그들은 자신의 생각에 절대적인 자신감을 가지고 있었다. 그들은 강한 신념을 품고 있었으며 그것을 스스로도 결코 의심치 않았다.

약한 사람은 최고의 전문가가 될 수 없다.

새로운 것을 시도할 때, 시작도 하기 전인데 실패할 경우 둘러댈 변명부터 생각하는 사람들이 있다. 그런 변명만을 늘어놓는다면 주위로부터 따가운 시선을 받게 마련이다. 따라서 그런 행동으로 인해 무시를 당한다 해도 억울해하지 마라. 자신 없다는 말을 입에 달고 사는 사람은 새로운 것을 시작하기 전부터 패배한 것이나 다름없기 때문이다. 그런 사람이 우수해 보일 리 만무하다.

"제가 담당을 해도 괜찮긴 하지만, 왠지 좋은 결과는 내지 못할 것 같습니다."

"이 프로젝트는 이대로 밀고 나아가면 반드시 실패합니다."

"굳이 제 아이디어를 원하신다면 생각은 해보겠지만, 별로 재미는 없을 것입니다."

이런 말을 달고 사는 사람이 그 어떤 일을 제대로 할 수 있겠는가? 머리 또한 뛰어날 리 없다.

도전하기도 전에 변명부터 늘어놓는 사람은 '무능력한 인간'이라고 말하고 싶다. 분명 당신도 같은 생각일 것이다.

만약 자신감이 없다면 자신감이 있는 것처럼 행동하면 된다. 아직 시작도 하지 않은 일 때문에 걱정하는 것은 시간 낭비일 뿐이다. 그러니 낙관적으로 생각하자.

실패했을 때는 호탕하게 웃어넘기면 된다. 에디슨은 만 번의 실패에도 절대 굴하지 않았다. 그런 강인함을 겸비한다면 당신은 한층 빛을 발할 것이다.

10. 일관성 있는 태도로 밀고 나아가라

상사 앞에서는 코가 땅에 닿도록 굽실거리면서 부하 직원에게는 있는 트집 없는 트집 다 잡아서 깔아뭉갠다. VIP 고객 앞에서는 아무렇지도 않게 무릎까지 꿇으면서 부하 직원 앞에서 폭군으로 바뀐다. 게다가 잘난 체라면 누구에게도 지지 않을 정도다.

이렇듯 상대에 따라 태도가 돌변하는 것을 보면 그 사람의 품격마저 의심하지 않을 수 없다.

사람은 '일관성'이 있기 때문에 신뢰받고 사랑받는 것이다. 상대방에 따라 태도를 바꾼다면 '이 사람은 믿을 수가 없다'고 생각하며 모두가 등을 돌릴 것이다.

물론 그런 사람은 어떤 일을 하더라도 늘 불신감만 불러오게 되어 있다.

나는 높은 사람이 잘못을 했어도 지적할 수 있는 사람들, 불합리적인 행동을 하는 사람들과 맞서서 대응할 줄 아는 사람들을 좋아한다. 그런 사람들은 대체적으로 성격이 불같다.

불같은 성격은 그 자체만으로 판단하면 분명 단점이다. 그러나 상대에 따라 태도를 바꾸지 않고 모든 사람들에게 일관성 있게 불같은 성격을 고집한다면 그것은 호감으로 바뀐다. 그렇다. '일관성 있는' 사람은 사람들이 좋아하게 마련이다.

시카고 대학교의 아인혼 박사는 의견이나 태도를 금방 바꾸는 것보다 일관성이 있으면 있을수록 신뢰를 받게 된다는 것을 증명했다. 그는 최고의 자리에서 명성을 얻고 있는 사람들은 모두가 일관성이 있다고 말하고 있다.

또한 네덜란드 라이덴 대학교 심리학자 본크 박사는 대학생 56명을 대상으로 실험을 했다. "상사에게는 커피 시중도 들고 굽실거리면서 부하 직원에게는 잘난 척하는 중간 관리자를 어떻게 생각하느냐?"는 질문에 이런 중간 관리자가 가장 불만스럽다는 결과가 나왔다.

이러한 중간 관리자보다는 오히려 부하 직원에게 호통을 치지만 상사에게도 전혀 굽히지 않고 바른 말을 하는 타입, 즉 불같은 성격에 다혈질적인 면이 무섭긴 해도 모든 면에서 일관성을 고집하는 중간 관리자가 더 낫다는 의견이었다.

상대방이 누구냐에 따라 태도를 바꾼다면 모두에게 신뢰받지 못한다. 더구나 그런 사람은 결국 다른 사람들로부터 철저하게 미움을 받게 된다. 그런 상황에 처하지 않도록 일관성 있는 행동을 보여주는 것은 무척 중요하다.

만약 당신이 바른생활을 고집하는 타입이라서 평소 부하 직원에게 휴지를 줍거나 청결함을 유지하도록 지시하고 있다면, 중요한 고객이 휴지를 버리는 것을 발견했을 때 역시 "죄송합니다만, 휴지는 쓰레기통에 버려주세요"라고 한마디할 수 있어야 한다.

고객 입장에서는 불쾌한 느낌을 받을 수도 있으나, 당신의 그런 일관성 있는 태도를 보고 부하 직원들은 신뢰를 보낼 것이다. 더불어 '우리는 정말 괜찮은 상사 밑에서 일하는구나' 하며 내심 기뻐할 것이다.

만약, 그 고객이 거래처를 바꾸더라도 크게 신경 쓸 필요는 없다. 당신은 부하 직원들에게서 신뢰감이라는, 그 무엇과도 바꿀 수 없는 가치를 손에 넣었으니까.

누군가를 편애하고 있다면 모든 사람들을 편애하도록 하라. 그렇게 하면 당신은 '친절한 사람'으로서 일관성을 고집하는 인물이 된다.

누군가를 엄격하게 대하고 있다면 상대가 누구든 간에 엄격하게 대하자. 그것 또한 일관성이 있어야 한다.

가장 중요한 것은 상대에 따라 태도를 바꾸는 것이 아니라, 대나무에 철심을 꽂은 것처럼 일관성을 굽히지 않는 것이다.

COLUMN
왼손잡이가 되어라

 보통 사람들과 '조금만 다르게' 행동하면 그것만으로도 지적으로 보인다. 그렇다면 글을 쓸 때만 '왼손'을 사용해보는 건 어떨까?

 왜냐하면 오른손잡이에 비해 왼손잡이가 압도적으로 적기 때문이다. 예컨대 야구에서나 배구에서나 왼손잡이 선수는 매우 귀중한 존재다. 흔하지 않다는 것은 그 자체만으로도 높은 가치가 있다.

 나는 태어날 때부터 왼손잡이인 터라 어린 시절에는 주위 어른들에게 "어머나, 왼손잡이네. 크면 천재가 되려나 보다" 하는 말들을 자주 들었다.

 물론 지금도 같은 말을 가끔 듣곤 한다. 나에 대해서 잘 알지도 못하면서 그런 말을 스스럼없이 하는 게 이상하기도 하지만, 칭찬을 받고 기분이 상하는 사람은 없을 것이다.

 어쨌든 왼손잡이라는 것만으로도 왠지 머리가 좋아 보인다는 것은 확실하다.

 일부러 머리가 좋아 보이기 위해 왼손을 사용하려고 노력할 필요는 없지만, 원래 왼손잡이였다면 그것만으로도 지적으로 보인다는 것을 기억해두기 바란다. 시간이 나면 왼손으로 글씨 연습을 해두는 것도 그리 나쁘지는 않을 듯싶다.

다시 강조하지만 왼손잡이라는 사실만으로 여러 가지 이득을 볼 수 있다. 우선 대화를 순조롭게 이끌 수 있는 하나의 이야깃거리로 삼을 수 있다. 무엇보다도 머리를 좋게 봐준다는 점에서 의외로 많은 도움이 될 것이다.

미국 존스홉킨스 대학교 카밀라 벤보우의 연구 그룹에 의하면, 왼손잡이, 근시, 알레르기성 체질, 이 '삼중고'에 시달리고 있는 아이는 지능이 높을 가능성이 많다고 한다.

이들은 열두 살이 된 아동을 대상으로 미국 전 지역에서 실시된 학력 테스트를 통해 우수한 성적을 낸 400명을 조사했다.

그 결과, 이들 중 60퍼센트가 근시였으며 이 수치는 같은 연령 아동 평균의 네 배에 달했다. 또 그 가운데 16퍼센트가 왼손잡이였으며, 3분의 2가 알레르기성 체질이었다.

이 연구를 참고로 하면 왼손잡이처럼 보이거나 안경을 써서 근시처럼 보이도록 하거나 꽃가루 알레르기가 있다는 것을 어필하면 지능이 높아 보인다는 결론에 이른다. 그 전에 벤보우 연구에 대해 언급해두는 센스도 잊지 말자.

사실, 그런 사람들은 실제로도 지능이 높은 경향이 있다.

참고로 고등학교 시절, 우리 반에서 우수하다고 하는 친구들은 모두 화분증꽃가루 알레르기을 가지고 있었다. 그래서 한때 '머리가 좋은 녀석들만 화분증에 걸린다'고 생각한 적이 있었다.

그 후, 대학에 들어가자마자 나는 화분증에 걸려버렸다. 그때 '이제 나도 우수해 보일 거야'라며 기뻐했던 기억이 난다.

　최근에는 화분증이 너무 심해서 그런 기쁨을 별로 느끼지 못하고 있지만.

　"왼손잡이 중에 천재가 많다던데."

　"알레르기성 체질인 사람은 지능이 높다던데."

　직접적으로 이야기하면 자랑하는 것처럼 보일 수도 있으니 이 부분은 타인이 지적해줄 수 있도록 당신은 유도만 하는 정도로 끝내라.

PART 4

{ 지성을 충분히 어필하면서 사람들과 교제하는 방법 }

1. 타인을 이용하라

'머리가 좋은 사람'은 결코 모든 일을 혼자서 도맡아 하지 않는다.

다른 사람들의 손을 빌린다고 해서 평판이 나빠지는 것도 아니므로 필요할 때는 사양하지 말고 부탁하라.

머리가 좋은 사람은 자기 힘만으로 모두 해결할 것 같지만 절대 그렇지 않다. 어떻게든 혼자 힘으로 하려고 해봤자 시간만 몇 배로 걸릴 뿐이다.

정말로 머리가 좋은 사람은 다른 사람들의 힘에 기댈 줄도 안다. 자신에게 한계가 있음을 인정할 줄 아는 것도 훌륭한 재능이기 때문이다.

고집스럽게 남의 손을 빌리지 않고 해결하려는 것은 머리가 나쁜 사람들이나 하는 짓이다.

시카고 대학교의 벤자민 블룸 박사는 운동선수, 뮤지션 등 젊었을 때부터 뛰어난 재능을 발휘한 100명을 대상으로 실험을 했다. 이는 그들이 가진 우수성의 근원을 밝혀내기 위한 조사였다.

블룸 박사의 실험 결과는 예상을 뒤엎는 놀라운 것이었다. 천재라고 불리는 그들의 특성 뒤에는 반드시 곁에서 도움을 주는 누군가가 있었다.

그들은 자기 혼자만의 힘으로 무조건 해결하려고 하지 않았다. 코치, 친구, 부모님 등으로부터 확실한 서포트를 받고 있었던 것이다.

이렇게 우수한 사람들조차도 타인의 도움을 받고 있는데, 평범한 우리라면 두말할 것도 없이 도움을 받아야 마땅하다. 오히려 타인의 도움을 받지 않고 우물쭈물하고 있는 모습이 더 미련해 보이는 것은 당연하다.

누군가에게 도움을 받을 때 '나도 마음만 먹으면 할 수 있는데' 하는 식의 태도는 금물이다. 오히려 상대방의 기분을 상하게 할 수 있기 때문이다.

도움을 받아야 할 상황이라면 한껏 자기 비하를 해서라도 "도와주지 않으면 저는 절벽에서 뛰어내려야 할 상황입니다" 하며 지금 당장 도움이 절실하다는 것을 상대방에게 강조해야 한다. 그런 모습은 상대방을 기쁘게 할 뿐만 아니라 더 적극적으로 당신을 돕게 만들 것이다.

그런 비굴한 모습이 보기 흉하다고 생각할 수도 있지만 반드시 그렇지만은 않다. 머리를 숙여야 할 때 자신을 낮출 줄도 알아야 한다.

그러면 당신의 평가는 더욱 올라갈 것이다.

쉰 살의 나이에 역대 최초로 최연장 장기의 명인이 된 분이 있다. 그는 마흔여섯 살 때 시합 중 머리를 숙이고 상대에게 한 수 배운 적이 있다.

당시 그의 상대는 열아홉 살이었다. 자신의 반만큼도 살지 않은 후배를 스승처럼 대접한 것이다. 이후, 그의 평가는 더욱 긍정적으로 변했다. 한참 어린 후배에게 머리를 숙이며 도움을 구하는 모습이 모두에게 감동을 주었던 것이다.

당신도 주위의 도움을 받도록 하라. 솔직하고 진솔한 모습으로 머리를 숙여야 할 때 숙이고 돌진하라. 알량한 자존심이 당신을 구해주지는 않는다.

본서는 진짜 실력을 연마하기 위한 책은 아니지만 지금처럼 하면 진정한 실력도 조금씩 늘어갈 것이다.

일을 할 때 전혀 모르는 분야인데도 '알고 있는 척' 연기를 해서 그 순간을 모면했다가 이내 모든 게 들통 나버렸다고 가정해보자.

그런 상황에서는 일시적으로 작전을 변경해 머리를 숙여야 한다. '자신을 성장시키기 위해 최선을 다하고 있구나! 요즘 사람 같지 않네' 하는 평가를 받을 정도가 적당하다.

2. 유능한 사람 곁에 딱 붙어 있어라

지적인 평가를 받고 싶다면, 자신을 갈고닦는 것도 좋지만 잠깐 길을 돌아가는 것도 괜찮은 방법이다. 다시 말해 지적인 친구나 지인, 뛰어난 능력을 가진 사람들과 돈독한 관계가 될 수 있도록 노력하라는 것이다. 그리고 그런 지적인 사람들 곁에 항상 붙어 다니는 것이다.

이 방법은 이를 제창한 심리학자의 이름을 따서 '슈렝커 방법'이라고 명명되었다.

"유능해 보이는 방법은 유능한 사람과 함께 있는 것이다. 그러면 당신도 유능해 보인다."

이것이 바로 슈렝커 박사가 발견한 원리다.

예전에 남성은 사귀고 있는 여성에 의해 평가된다는 말을 들은 적이 있다. 평판이 좋지 않은 여성과 연인일 경우 남성에 대한 평판마저 떨어진다. 그러나 괜찮은 여성과 연인일 경우에는 바로 슈렌커 박사의 원리가 적용된다.

나는 이 방법을 내 나름대로 '빨판상어법'이라고 부르고 있다.

빨판상어는 등지느러미가 진화해 생긴 달걀 모양의 빨판을 이용해 다른 큰 물고기의 입 아래쪽에 붙어 산다.

지적인 사람 옆에 딱 붙어 있으면 곁에 있는 사람, 즉 당신도 지적인 사람이라는 평가를 받게 된다. 우리는 여러 사람들이 함께 있는 것을 보면 그들을 한 명씩 보지 않고 무리로 보고 평가하는 경향이 있다. 그렇기 때문에 당신도 지적인 인간이 돼버리는 것이다.

예를 들어, 엘리트 선배와 친하게 지내면서 그저 빨판상어처럼 딱 붙어 다니기만 하면 당신도 유능한 사람으로 대접받게 될 것이다. 넘치는 지성을 조금 나누어 갖는 것뿐이니 당신은 그저 감사한 마음으로 받기만 하면 된다.

상상을 초월할 만큼 머리가 나쁘더라도 괜찮다. 그저 지적인 사람과 함께 있는 시간을 자주 갖기만 하면 된다.

나는 콧바람에도 금방 흔들리는 남자다. 요령을 피우는 데 도가 텄으며 그것만으로도 충분히 이 힘한 세상을 뚫고 나갈 수 있는 그런 인간이다. 그러나 내 친구들은 누가 보아도 고상한 품격과 정예의 소견을 갖춘 인재들뿐이다. 그 덕분에 그저 함께 즐거운 시간을 보내고 있을 뿐인데도 동급으로 취급받는다.

도쿄 대학교를 졸업한 선배와 함께 가무를 즐기고 있으면 혹시 당신이 만족스런 학벌을 갖고 있지 않더라도 당신에 대한 평가는 좋을 것이 분명하다.

이렇듯 그들의 지성을 나누어 받고 있는 입장이므로 그들을 더욱 소중하게 대하라.

'나보다 멍청한 녀석들과 함께 있는 편이 훨씬 더 빛나 보이지 않을까?'

이런 생각은 잘못된 것이다. 그들은 당신을 끌어내리는 역할만 확실하게 해줄 뿐이다. 멍청한 사람과 함께 있으면 당신마저 멍청해 보인다.

대체적으로 아주 우수한 사람들은 필요 이상으로 프라이드가 높거나 타인을 거침없이 비판하는 일이 잦기 때문에 친구들이 별로 없다. 따라서 사람들과의 교류에 굶주려 있어 그런 인물과 친구가 되는 것은 오히려 간단하다. 당신이 다가가기만 하면 금방 손잡을 수 있을 것이다.

우수한 사람들의 높은 콧대를 떠받들어야 한다는 점은 그다지 내키지 않겠지만, 그것만 참을 수 있다면 그 이상의 것을 얻을 가능성은 높다. 인내에 걸맞은 성과는 반드시 돌아온다. 그건 기대해도 된다.

3. 즐거울 때는 마음껏 흥분하라

　일반적으로 우리는 머리가 좋은 사람은 항상 냉철한 자세로 절대 감정에 휘둘리지 않을 것이라고 생각하기 쉽다. 그러나 사실은 그와 반대다. 머리가 좋은 사람은 감정이 풍부하며, 즐거울 때는 그 감정을 거침없이 표현한다.

　심리학자 화이트는 300명에 달하는 천재들의 전기를 토대로 조사를 했다. 그는 끈기 있는 연구를 통해 천재들이 보통 사람들과 다른 점이 있다는 것을 밝혀냈다. 바로 그들이 '매우 잘 흥분한다'는 것이었다.
　고대 그리스의 자연 과학자 아르키메데스는 대발견을 한 기쁨으로 주체할 수 없는 흥분을 억누르지 못한 나머지 욕탕에서 알몸인 상태로 밖으로 뛰쳐나갔다.

이처럼 천재는 쉽게 흥분하는 유전자를 지니고 있는 듯하다.

모든 일을 천천히 이리저리 따져보고 궁리한 후에 행동으로 옮기는 그런 태도는 지나치게 침착한 것이 아닌가 싶다. 그런 사람은 진짜 천재가 아니다.

머리가 좋은 사람은 자신의 감정에 솔직하며, 흥분할 때는 마치 미치광이처럼 날뛴다. 조병躁病이라고 해야 할까. 충동적이라고 해야 할까. 그런 특성은 천재들에게 흔히 나타난다고 한다.

그렇기 때문에 당신도 머리가 좋아 보이려면 자주 흥분하는 모습을 보여야 한다.

나는 개인적으로 술에 취해 기분이 좋아지면 강물에 뛰어드는 것도 마다하지 않는 사람을 좋아한다. 그리고 재미있는 아이디어가 머리에 떠오르기라도 하면 괴성을 지르면서 사무실을 뛰어다니는 그런 사람이 좋다.

"저 인간 드디어 미친 거 아냐?"

이런 말을 들을 정도로 요란스런 인간이 한번 돼보자. 즐거운 일, 유쾌한 일이 생겼을 땐, 법석을 한번 부려보자.

불꽃 축제, 망년회, 신입 환영회 때는 마음껏 즐겁게 소란을 피우는 것도 괜찮다. 적당히 취기가 돌면 더 유쾌하게 놀아보자.

단, 어디까지나 유쾌한 것 그 이상은 금물이다. 주위 사람에게 주먹을 날린다거나 여성에게 안기거나 하는 모습은 유쾌한 기분을 불쾌감으로 만들 수도 있으니 주의하자.

즐거울 때는 오버액션(깡충깡충 뛴다든가)을 해서라도 그 기분이 주위에 전달될 수 있도록 하자.

  천진난만한 어린아이 같은 행동을 오히려 무시하는 사람들이 있을지도 모르지만, 어린아이 같은 마음을 지니는 것이 천재로 보이는 하나의 비법이 되기도 한다.

  사무실 청소를 하고 있을 때라도 "우~와, 진짜로 먼지 뭉치 열나게 크네!" 하는 식으로 까불고 떠들어보자. 그런 모습을 보고 있노라면 정말이지 입 꼬리가 그냥 올라간다.

  "이것 좀 봐! 화장실을 너무 깨끗하게 청소한 것 아냐?"

  이렇게 흥분하면서 이야기하는 사람이 있으면 난 그 자리에서 당장 그 사람의 팬이 될 것 같다.

  우리는 로봇이 아닌 따뜻한 감정을 품고 있는 인간이다. 무표정한 태도로 일만 한다면 '인간미'는 사라질 것이다. 따라서 일을 할 때는 정열로 가득 찬 '흥분'을 마음껏 발산하며 임했으면 한다.

  머리가 좋아 보이기 위해 일부러 점잖은 척하며 차분한 분위기를 풍겨야 한다고 생각할 수도 있지만 그것은 잘못된 생각이다. 요컨대 어린아이 같은 행동이 결코 나쁘지만은 않다는 것을 당신에게 강조하고 싶다.

4. 체험에서 얻은 '지혜'는 비법이 될 수 있다

철학자 베이컨은 말했다.

"그게 어떤 학문이나 연구가 됐든 간에, 그것 자체를 어떻게 사용해야만 좋은가에 대해서는 알려주지 않는다. 한편, 일상생활을 자세히 관찰하면 학문에 의지하지 않고도 학문에 버금가는 지혜를 몸에 익힐 수 있다."

이 말을 나름대로 해석해보면, 아마도 베이컨은 일반적인 학문을 공부하는 것보다 일상생활에서 지혜를 몸에 익히는 것이 더 중요하다고 말한 듯싶다.

예를 들면, 직장 후배와 같이 퇴근을 하게 되어 역까지 동행했다고 가정해보자. 이때, 후배에게 "이쪽 뒷골목에 싸고 맛이 기가 막힌 커피숍이 있어"라든가 "이쪽으로 가면 지름길이 나와"라며 정보를 알려줬다고 하자.

이런 지식은 학문적인 지식과는 전혀 다른 것이지만, 그래도 후배에게는 일상에서 크게 도움이 될 만한 정보이므로 내심 좋아할 것이다.

일상생활의 '지혜'라고 하는 것은 평상시에 머리를 굴리다 보면 자연히 몸에 배게 마련이다. 그리고 그런 지혜는 당신을 '지적'으로 보이게 할 것이다. 왜냐하면 체험에서 얻은 지혜는 그만큼 강력하기 때문이다.

"이 시간대에는 딱지를 뗴일 염려가 없으니까 주차해도 괜찮아."
"이렇게 하면 여성들에게 인기를 얻을 수 있지."
"아무도 없을 때 회의실에서 살짝 낮잠을 자도 절대 들키지 않아."
이런 지식은 쓸모없는 것 같아도 사실 대단히 유용하다.

쓸모없는 지혜도 분명 지혜의 일종이다. 그런 지혜를 종종 알려주는 사람은 모두에게서 인기를 얻을 뿐만 아니라 동경의 대상이 되기도 한다.

이미 시효가 지났다고 생각하기에 털어놓는 이야기인데, 중학교 때 같은 반에 물건을 잘 훔치는 녀석이 있었다. 그는 자기만이 가지고 있는 지혜라며 내게 자세하게 요령을 설명해주었는데, 가히 혀를 내두를 만했다.

"당당하게 행동하면 오히려 들키지 않는다."
이렇게 설명하던 그의 말이 아직도 잊히지 않는다.

그는 바지 주머니가 밑으로 축 처질 정도로 훔친 물건을 꽉 채우

고도 당당한 표정으로 가게를 빠져나갔다.

또 한번은 의류 매장에서 점퍼를 입어보더니 이내 입은 채로 전혀 흔들림 없이 당당하게 걸어 나오는 그를 봤을 때, 나는 정말 입을 딱 벌려야 했다. 만약 잡히기라도 했다면 뭐라고 둘러댔을지 이제 와서 궁금해진다.

상식적인 생각을 가진 사람이라면 이렇게 생각할 것이다.

'물건을 훔치다가 혹시라도 붙잡히면 어쩌려고.'

'머리가 진짜 나쁜 거 아냐?'

그러나 그 당시의 나는 그의 '머리가 정말 비상하다'고 생각했다. 이런 것이 바로 '산 지혜'라며 입을 다물지 못했다.

지금도 사기꾼이 잡혔다는 뉴스를 보면, 물론 피해자들에게 유감을 표하며 그들의 입장에서 화도 내지만, 한편으로 그 사기꾼들의 현란한 수법에 시선이 집중된다. 그러면서 "정말로 머리가 비상하다!"는 감탄을 내뱉곤 한다.

물론, 열심히 공부해서 얻은 지식을 보여주는 것이 가장 바람직한 방법이기는 하지만, 쓸데없는 지혜를 보여주는 것도 때로는 하나의 비법이 될 수 있다. 그리고 그 비법만으로도 충분히 당신을 어필할 수 있다.

5. 예상 밖의 행동을 해봐라

피카소에 관한 일화 중 이런 이야기가 있다.

하루는 피카소가 낡은 자전거를 한참 동안 바라보고 있었다. 문득 아이디어가 떠오른 듯 그는 자전거 페달과 핸들을 떼어내기 시작했다. 그러고는 핸들 양쪽 끝이 위로 향하도록 방향을 틀어서 뿔 형태로 디자인한 다음 용접해버렸다. 약간 발상을 전환했을 뿐인데 자전거에서 황소의 오브제가 탄생한 것이다.

보통 사람들에게 자전거는 그냥 자전거일 뿐 그 이상도 그 이하도 아니다. 그러나 잠깐 시점을 바꿔보면 자전거가 황소의 오브제가 되기도 한다. 시점의 전환은 전혀 다른 의미로 재탄생하는 순간이 되는 것이다.

우리는 이런 예상 밖의 행동을 하는 사람을 천재라고 부른다.

한번은 식당에 갔을 때, 나무젓가락 커버를 사용하여 방울쥐를 만들어준 사람이 있었다. 그는 자신이 종이 접기를 아주 조금 할 줄 안다며 부끄러워했지만, 사실은 정말 대단한 것이었다.

즉흥적으로 이런 것을 만들 수 있다면 반드시 주위에 어필하도록 하자.

뉴욕에 거주하고 있는 심리학자 로버트 플렉은 예상 밖의 일을 하면 타인들의 흥미를 불러일으키기가 쉽다고 말했다. 그러나 나는 그저 흥미를 유발시키는 것을 넘어 감동을 불러일으킬 수도 있다고 생각한다.

예상 밖의 행동이라고 하면 어떤 것들이 있을까? 역시 '마술'이 최고일 듯싶다. 간단하게 바로 보여줄 수 있는 것 한두 개쯤은 배워두도록 하자. 동료들과 함께하는 술자리에서 성냥이나 동전, 종이 등을 이용하여 상대방을 깜짝 놀라게 하는 것도 괜찮은 방법이 아닐까? 시중에는 마술 관련 책들도 많이 출판되어 있으니 여유가 생겼을 때 한번 배워두는 것도 좋을 듯하다.

"재주가 많으면 살아가는 데 도움이 된다"고 하는 말에는 일리가 있다.

마술을 보여주면 자연스럽게 "정말 대단해!"라는 반응이 나오게 되어 있다. "뭐 하는 거야? 애들처럼 유치하게!" 하는 식으로 대번에 말하는 사람은 없을 것이다. 대부분이 놀라움을 금치 못하고 열광하며 당연히 긍정적이고 밝은 평가를 내린다. 일상에서 아주 크게 미움을 받고 있지 않는 한 시시콜콜 따지지는 않을 것이다. 그러니까 안심하고 당당하게 당신의 재주를 마음껏 드러내자.

당신은 전문 마술사가 아니므로 고도의 기술이나 많은 준비가 따르는 것들을 익힐 필요는 없다. 갑자기 신발에서 비둘기가 튀어나오기라도 한다면, 물론 그것 나름대로 감동을 받겠지만 '이 사람, 정말 열심히 일할 마음이 있는 거야? 없는 거야?' 하는 오해를 받을 수도 있으니 주의하길 바란다.

그러나 쉬는 시간에 잠깐 명함이나 볼펜, 컵 등을 이용하여 간단한 마술을 보여준다면, 상대방의 눈은 금방 휘둥그레질 것이다. 그리고 당신을 대단한 사람이라고 생각할 것이다. 마술사는 지적인 이미지가 트레이드마크이므로 당신도 그런 이미지를 얻게 될 것이다.

천냥 백화점 같은 데서 마술에 사용할 도구들을 구입하는 것도 나쁘지 않다. 약간의 투자 정도는 과감히 하자. 의외로 재미있는 도구들이 많으니 당신에게 맞는 도구를 찾아 활용해보자.

대화가 막힐 때, 간단한 마술 한두 가지만 보여주면 난감했던 상황을 쉽게 넘길 수 있다. 만약을 대비해서 간단한 것 몇 가지는 익혀두도록 하자.

6. 트집을 잡아라

비즈니스 상담 중에 거래처에서 제시한 계약 조건이 충분히 만족스럽다고 가정해보자.

이쪽의 희망 사항을 그대로 제시한 것이므로 상식적으로 생각하면 즉시 계약을 체결하는 게 당연하다. 그러나 이런 만족스러운 상황에서도 반드시 짚고 넘어가야 할 것이 하나 있다.

바로 '사소한 트집을 잡아서 더 유리한 입장을 선점하라'는 것이다. 상대가 아무리 최상의 조건을 제시했더라도 쉽게 동의하는 것은 당신의 지성을 떨어뜨리는 결과를 초래한다.

머리가 좋은 사람은 그렇게 간단히 고개를 끄덕이지 않는다. 심각한 얼굴로 근거와 증거를 잡고 늘어진다. 타인과 대화를 할 때도 뜸을 들이는 여유를 갖고 증거를 제시하면서 유리한 상황으로 이끌어 간다.

"이야기가 정말 흥미롭습니다. 그런데 근거는 있는 건가요?"

"아, 그런 거였군요. 그렇다면 증거를 보여줄 수 있나요?"

"좀 그러네……. 확실한 증거는 있습니까?"

이런 느낌으로 상대를 절벽 끝까지 몰고 가서 입을 다물게 만든다.

"글쎄요. 확실한 근거는……, 그러니까…… 지금 상황에서는 뭐라고……."

상대방은 이런 식으로 말을 더듬기 시작할 것이고 결국은 당신에게 제압당할 것이다. 그러면 당신이 훨씬 뛰어난 사람이 되는 것이다.

우리가 하는 이야기 속에는 '증거'나 '근거'가 반드시 존재하지는 않는다. 그러므로 상대가 그 부분을 깊게 파헤치려고 하면 할수록 말을 더듬게 마련이다. 할 말을 잃은 상대방은 지능이 떨어져 보이게 되고 상대적으로 당신이 유능해 보이는 것이다.

매사추세츠 공과대학교 엘리스 에글리 박사에 의하면 지능이 높은 사람과 낮은 사람을 비교했을 때, 지능이 높은 사람일수록 근거가 없는 이야기에는 절대 동의하지 않는 경향이 있다고 한다. 지능이 높은 사람은 '정확한 근거가 없는 이상, 절대 믿지 않는다'는 확고한 태도를 굽히지 않는다는 것이 연구 결과였다.

만일 상대방이 그럴듯한 증거를 제시하면 어떻게 해야 할까? 이런 경우에도 즉각 동의해서는 안 된다. 오히려 더욱 강력한 문제를 제시해야 한다.

"그렇군요. 그래도 이 정도로는 아직 약합니다."

"그것 말고 더 납득이 갈 만한 다른 증거는 없습니까? 완전히 납득하기에는 부족한 느낌이 드는데."

"증거가 하나뿐이면 동의하기 어렵습니다. 다른 증거는 없나요?"

"설명이 많이 부족하다는 느낌입니다. 다른 것은 없나요?"

처음부터 상대의 이야기를 이해할 마음이 전혀 없고 그저 상대를 곤란에 빠뜨리는 게 목적이므로, 어떤 증거를 가지고 와도 이런 식으로 트집을 잡고 늘어지는 것이다.

상대방이 크게 당황한 기색으로 말을 더듬기 시작하면 궁지에 몰아넣는 전술은 종료다.

"음, 조금만 더 조사하면 될 것 같군요. 하지만 설명은 아주 좋았어요."

이런 식의 따뜻한 말 한마디로 마무리를 하면 당신은 게임에서 이긴 자만이 느낄 수 있는 승리의 맛을 경험하게 될 것이다. 그러나 상대방을 너무 지나치게 궁지에 몰아넣으면 나쁜 감정을 품을 위험성도 있으므로 적당한 선에서 끝내도록 하라.

"저 멍청이! 만날 증거! 증거! 입을 틀어막아 버리든지 해야지, 정말" 하는 식으로 험담이라도 하고 다닌다면 결국 당신만 손해를 보는 것이다. 이 방법을 사용할 때는 적절한 조절이 필요하다는 것을 잊지 마라.

7. 사람들을 당신의 유머 속으로 끌어들여라

천재 연구로 유명한 G.월리스 박사는 훌륭한 아이디어를 창출해 내는 사람들의 대표적인 특징으로 유머 감각을 손꼽았다.

그러나 사람들이 흔히 생각하는 천재는 고정 관념의 틀을 깨지 못하는 머리 좋은 사람이라는 이미지가 강하다. 이를테면 미간 사이에 주름을 잔뜩 잡고 오랜 시간 심사숙고하는 철학자 같은 이들 말이다. 그러나 사실은 전혀 그렇지 않다. 머리가 좋은 사람일수록 무척 독특하고 재미난 면이 많다.

개그맨들은 으레 뛰어난 유머 감각을 갖추고 있다. 개그맨이기 때문에 지성이 없다고 판단하는 것은 금물이다. 그들은 시청자들의 웃음을 자아내면서 충분히 지성을 발산하고 있다. "진짜 머리 잘 돌아가는데"라는 감탄사를 보낼 때가 한두 번이 아니다.

직장에서도 크게 다르지 않다. 정말 우수한 사람은 무척 유쾌하며 주위에 있는 이들을 항상 웃게 만든다. 밝고 명랑한 웃음소리가 있는 곳에는 항상 우수한 사람이 대화의 중심에 딱 버티고 있다.

아무리 일에 쫓기는 비즈니스맨일지라도 주위를 즐겁게 해줄 웃음 보따리 정도는 가지고 있어야 하지 않겠는가? 보따리가 가벼워지는 일이 없도록 많은 신경을 쓰도록 하자.

적어도 30개 정도는 연속해서 말할 수 있는 이야깃거리를 가지고 있지 않으면 막상 써먹으려고 할 때 도움이 되지 못한다. 재미있는 이야기를 틈날 때마다 적극적으로 주워 모아서 주위 사람들을 즐겁게 만들어라.

'어떤 이야기를 하면 웃어줄까?'라는 것을 항상 염두에 두고 잡지나 텔레비전 등에서 조금이라도 괜찮은 소재가 나온다 싶으면 수첩에 메모를 해두어라. 이것을 모든 비즈니스맨들이 적극적으로 실행했으면 하는 바람이다.

영국 최고의 수상이었던 윈스턴 처칠은 2차 세계대전이 한창이던 그때, 어둡고 암울한 시대였음에도 불구하고 결코 웃음을 잃지 않았다고 한다. 그는 세계가 비관주의에 빠진 그 상황에서도 낙관적인 생각과 유머로 측근들을 늘 웃게 만들었다고 한다.

처칠의 인기는 전적으로 그의 밝은 성격에서 비롯되었을 것이다.

사람들을 즐겁게 해주는 것도 재능이다. 물론 일에 직접적으로 연관된 재능이라고는 할 수 없지만, 재능을 가지고 있다는 사실에는 변함이 없다. 그러므로 이러한 재능을 키워 더욱더 어필하도록 하자.

유머 감각이 도움이 안 된다는 생각은 버려라. 유머야말로 장소에 상관없이 어디서나 사용할 수 있는 프리티켓이라는 것을 자각하라. 더구나 유효기간 또한 무제한이다.

면접시험에서 면접관을 웃게만 할 수 있다면 합격은 따놓은 거나 다름없다는 말을 들은 적이 있다. 면접장에서 응시자가 긴장을 하는 것처럼 면접관 역시 긴장한다.

서로가 긴장을 하고 있는 상태에서 그래도 상대방을 웃길 수 있을 정도의 유머 감각을 갖추고 있는 인간이라면, 두말할 것 없이 좋은 평가를 받게 될 것이다.

나는 첫 대면을 하는 자리에서도 만난 지 3분 안에 기필코 상대방을 한 번 정도 웃겨버리겠다는 각오로 일하고 있다. 바보 같은 생각일지 모르지만 이 법칙은 지금까지 꽤 쓸모가 있었다.

'유머 감각이 풍부한 사람'이라는 느낌을 남기면 다음 비즈니스도 편하게 진행할 수 있다.

요컨대 재미있는 사람은 상대방의 기억에 오랫동안 남게 되므로, 지속적인 비즈니스 파트너 관계를 유지하는 데 많은 도움이 된다.

8. 어휘력을 늘려라

흔하지 않은 단어나 멋진 표현을 많이 알고 있을수록 유리하다. 왜냐하면 여러 가지 색다른 표현 구사를 통해 다른 사람과의 차별성을 부각시킬 수 있기 때문이다. 이 또한 지적으로 보이는 데 일조한다.

가령, 지각을 한 직원에게 "또 늦었군. 자네 지금이 몇 시라고 생각하나?" 하는 식의 상식적인 말보다 "오늘 많이 늦었군. 완벽한 자네에게도 빈틈이 보이는데?" 하는 식으로 호통을 칠 줄 아는 사람이 왠지 더 머리가 좋아 보이게 마련이다.

머릿속에 단어가 풍부한 사람일수록 재치 있는 언어 구사를 할 수 있다.

한번은 알고 지내는 편집자로부터 '선생님의 방묵芳墨을 잘 받아보았습니다. 좋은 글 감사합니다'라는 메일을 받은 적이 있다. 세월을 느끼게 하는 옛말이라는 것과 이런 오래된 단어를 구사할 수 있다는 것에 내심 놀라움을 금치 못한 적이 있다. 평상시 평범한 단어들에만 익숙해 있다면 이런 말을 하기란 쉽지 않다.

"정말 머리가 뛰어나십니다" 하는 칭찬보다 "당신은 학문의 오의奧義에 깊숙이 심취해 있군요" 하는 표현이 더 지적이리라.

이런 식으로 상대방의 지성을 높이 사는 것처럼 보여주면서 동시에 '내게도 이런 면이 있다'는 것을 어필할 수 있다.

실제로 어휘력이 풍부할수록 머리가 좋다는 것이 연구를 통해 인증되었다.

미국 인간공학연구소의 존슨 오코너 박사는 중학생에서 사회인에 이르기까지 40만 명의 미국인을 대상으로 언어력과 그 사람의 성적 그리고 지위와의 관계를 조사한 적이 있다.

그 결과, 풍부한 어휘력을 지니고 있는 사람일수록 학생인 경우에는 성적이 좋았고, 사회인인 경우에는 지위가 높거나 이미 성공을 거둔 상태였다. 풍부한 어휘력을 가지고 있으면 성공하는 데 많은 도움이 된다는 것이 증명된 셈이다.

요즘 고등학생, 대학생에게서 뭔가 부족한 느낌이 드는 까닭은 그들 머릿속에 들어 있는 단어가 턱없이 부족하기 때문이다. 물론 다른 이유들도 있겠지만, 결정적으로 어휘력이 떨어지기 때문에 멍청해 보이는 것은 부정할 수 없다.

어린 세대들이 사용하는 말은 이제 그만 졸업하자. 시간이 지나도 바뀌지 않으면 사회생활을 하는 데에서 고생을 자처하게 될 것이다.

당신은 그런 말을 사용하지 않으리라 믿는다.

머리가 나쁘면 나쁜 대로 지성을 연출하면 된다. 오래된 말이나 사자성어 같은 것을 암기해서 꾸준히 구사하는 것이다. 흥미를 가지고 사전을 펼치다 보면 생각지 못한 세계로 빠져들게 될지도 모른다.

회사에서 당신이 입에 달고 사는 말이 있다면 떠올려보자.

"마무리 부탁합니다" 또는 "늘 하던 대로 부탁해요"처럼 딱 두 패턴으로 밀고 나가지는 않는가? 분명 그리 불편함을 느끼지 않을 수도 있다. 그러나 이것만으로는 어휘력은커녕 머리마저 비어 보일 수 있다. 지성을 어필할 수 있는 기회를 스스로 뭉개버리는 거나 다름이 없다.

갈고닦기를 거듭해도 늘 부족한 것이 어휘력이다. 그러므로 평상시에도 많은 관심을 갖고, 멋지게 표현할 수 있도록 어휘력을 연마하자.

COLUMN
지적인 직업들을
머릿속으로
상상해본다

머리가 좋은 사람은 스스로 머리가 나쁘다고 생각하지 않는다. 사람들 앞에서 겸손의 의미로 자신을 낮추거나 자신감을 숨기기는 하지만, 마음속으로는 자신의 능력, 재능, 실력에 관해서 항상 최고라고 생각한다. '내가 하기만 하면 따를 자가 없다'고 말이다.

"저 같은 사람이 어떻게……."

이런 표현을 스스럼없이 하는 사람, 자신을 이야기할 때 반드시 '저 같은'이라는 말을 앞에 붙이는 사람은 자신감뿐만 아니라 실력도 갖추지 못한 경우가 대부분이다. 그러니 이런 비굴한 모습은 보이지 않도록 하자.

다른 사람도 아닌 바로 자신에 관한 일이다. 자신을 비하하는 것도 정도껏 해야지 도를 넘으면 당신을 인정해주던 사람들마저 멀어지게 마련이다.

우선 중요한 일은 자신이 천재라고 믿어버리는 것이다. 누가 뭐라고 하든 자신의 능력을 의심해서는 안 된다. 이 두 가지는 모든 비즈니스맨에게 꼭 필요하다.

머리를 좋아지게 하는 심리 비법이 있다. 바로 지적인 직업을 가지고 있는 사람들을 상상해보는 것이다.

'만약 내가 대학 교수라면…….'

'만약 내가 의사라면……'

'만약 내가 국제 변호사라면……'

이런 상상은 즐겁기까지 하다. 이렇게 상상의 나래를 펼치는 것만으로도 정말로 지능이 올라간다. 믿기 어렵겠지만, 이것은 실험을 통해서 입증된 확실한 방법이다.

네덜란드 동부에 있는 네이메헨 대학교 A.디크스테르호이스 박사는 학생들을 두 그룹으로 나눈 뒤 한 그룹에게 5분 동안 대학교수에 대하여 생각해보도록 했다.

그리고 대학교수라고 불리는 사람이 과연 어떤 행동을 할 것이며, 일반적으로 어떤 풍모인가에 대해 5분간 생각하도록 했다. 그런 다음 어려운 질문을 던진 결과, 대학교수에 대해 생각하도록 한 그룹은 정답률이 59.5퍼센트인 데 비해 아무것도 생각하지 않고 갑자기 질문을 받은 그룹의 정답률은 49.9퍼센트였다. 대학교수에 관한 이런저런 생각을 5분 동안 한 그룹의 정답률이 10퍼센트 가깝게 높게 나온 것이다.

당신도 지적인 직업을 가진 사람들에 관해 상상하면 진짜로 머리가 좋아질 수 있다. 당신 스스로 지적인 직업을 가졌다고 상상하면서 즐기는 것뿐이니까 힘이 드는 것도 아니다.

공상으로 얻게 되는 즐거움은 의외로 즐길 만하다. 자신이 의사가 된 장면이나 변호사가 된 멋진 모습을 상상하기만 해도 입가에 미소가 흐른다. 이런 공상은 즐겁기만 한 것이 아니라 심리학적으로도 지능을 높이는 효과가 있다.

우리는 생각하는 대로 만들어지게 돼 있다. 그렇기 때문에

우수한 사람을 상상하는 것만으로도 스스로 머리가 좋아지기 위한 더 많은 노력을 동반하게 된다. 이것은 자신을 바꾸는 아주 쉽고 빠른 방법이다.

만약 직장에 존경하는 우수한 선배나 상사가 있다면, 그 사람을 머릿속으로 생각해보는 것도 좋다. 그의 행동, 스타일, 대화법 등을 머릿속으로 계속 상상하면 당신도 그 사람과 비슷해질 것이다.

PART 5

{ 직장에서
<u>손쉽게</u>
<u>적용시킬 수 있는</u>
일 연출법 }

1. 매는 기회가 올 때까지 손톱을 감춘다

 머리가 좋은 사람은 절대로 자신이 가지고 있는 실력을 100퍼센트 보여주지 않는다. 이는 바닥이 드러나 버리는 것을 막기 위해서다.
 만약 전력투구를 했는데도 만족스런 결과를 얻지 못했을 경우, 주위 사람들의 평가가 그리 좋지 않을 것이기 때문이다. "뭐가 이래? 전력투구 했는데도 이게 다야?" 하며 깔볼 것이 분명하다.
 지적인 사람은 언제 어디서나 심리적인 여유를 갖고 있어야 한다. 전력투구를 하는 듯 마는 듯 연기를 하지 않으면 안 된다.
 능력의 일부만을 보여주면 주위 사람들은 자기 마음대로 생각하는 경향이 있기 때문에 당신이 지니고 있는 잠재적 능력보다 더 높은 평가를 하게 마련이다. 그런 착각을 유도하기 위해서는 결코 힘을 다 빼는 일은 하지 마라. 적당히 조절하라.
 집안 대대로 물려받은 장검이 있다면 이를 절대로 뽑지 않는 것만큼 좋은 것은 없다. 칼집에서 검을 뽑지 않는 이상, 그것의 가치는 추측만이 가능할 뿐이다. 그러므로 상대방은 장검이 대단히 훌륭한 가보라고 자기 마음대로 생각해버린다. 혹시라도 칼집에서 장검을 뽑았을 때, 모두가 실망스러워하는 반응을 보고 싶지 않다면, 마지막까지 결코 장검을 뽑아서는 안 된다.

직장에서도 마찬가지다. 굵직한 땀방울까지 흘리면서 정신없이 이리 뛰고 저리 뛰면서 전력투구 해버리면, 당신의 밑바닥은 확연하게 드러날 것이다. 그런 사람은 반드시 상대방에게 무시당하고 만다.

오히려 일은 대충대충 하면서 태연자약泰然自若의 자세를 잃지 말고, 상사의 꾸지람을 듣더라도 흔들리지 않고 당당한 분위기를 조성하라. 그런 당당함을 견지한다면 오히려 당신의 진짜 실력을 더 궁금해할 게 분명하다.

심리학에는 '아벨의 효과'라는 것이 있다. 이는 너무 유능한 사람은 상대방의 질투를 사기 쉬움을 가리킨다.

당신이 정말로 실력 있는 사람이라면 누군가에게 불필요한 반감을 사고 있을지도 모르는 일이다. 그게 사실이라면 선배나 상사들로부터 방해의 손길이 올 위험성도 배제할 수 없다는 것을 명심하길 바란다.

보통 가지고 있는 실력의 3분의 1 정도만 보여주면 된다. 그러면 당신의 앞길을 가로막으려는 사람은 없을 것이다.

물론, 정말 필요할 때는 150퍼센트의 힘을 발휘해서 주위를 깜짝 놀라게 하는 것도 잊지 않도록 한다. 항상 평범하게 일하다가도 기회다 싶으면 끝까지 최선을 다해 기대 이상의 성과를 올려라. 그러면 당신의 진짜 능력이 어느 정도인지 상대방은 전혀 감을 잡지 못할 것이다.

예를 들면, 평상시라면 마감 직전까지 끌고 가던 일을 어느 날 갑자기 2주나 3주 전에 끝내버리는 것이다. 그러면 어느 쪽이 당신이 가지고 있는 진짜 능력인지 상대방은 알 길이 없다. 그렇게 되면 승리자는 당신이다. 왜냐하면 그렇게 가끔 탄성을 자아냄으로써 미지수로 가려진 당신의 잠재 능력은 보다 높은 평가를 받게 될 것이기 때문이다.

2. 보이는 곳에서 열심히 하라

앞에서 '능력 있는 매는 끝까지 손톱을 감추는 법이다'는 말을 언급하긴 했지만, 그렇다고 언제까지나 손톱을 감추고만 있는 것이 좋다는 뜻은 아니다. 때로는 전력을 다해서 일에 임하고 있음을 어필하는 것도 매우 중요하다.

항상 제멋대로에 빈둥거리는 데다 성과도 변변치 못해 회사에서 불필요한 존재로 낙인찍히면 큰일이다. 따라서 중간 중간에 적당히 집중하는 태도를 보이도록 한다. 단, 전력을 다해 질주할 때 주위에 사람들이 없으면 당신의 노력은 인정받을 수 없다. 물론 당신의 가치도 빛을 발하지 못한다.

예를 들면, 집에 일을 짊어지고 가서 다 끝냈다고 하자. 그러나 그것을 인정해주는 사람은 함께 사는 가족들뿐이리라. 이것은 전혀 의미가 없는 노력이다. 힘들게 일한 만큼에 걸맞은 평가를 받을 수 없기 때문이다.

  만약 급히 일을 처리해야만 한다면 회사에 남아서 모두가 보는 앞에서 하는 것이 철칙이다. 물론, 야근을 하더라도 절대 혼자서는 하지 마라. 그래야만 당신이 힘들게 한 노력도 인정받을 수 있다.

  노스캐롤라이나 대학교 폴 로젠펠트 박사는 유능한 인간임을 어필하기 위한 전략을 '윈도우 드레싱'이라고 명명하고 있다.

  방 안을 전부 깨끗하게 치우는 것은 어렵지만, 밖에서 보이는 창문만을 예쁘게 꾸미는 것은 간단하다. 창문 하나로 방 안 전체가 의외로 깨끗하게 보이도록 하는 효과를 공략한 것이다. 물론 착각에 지나지 않지만 말이다.

  인간들도 이와 동일한 부분을 가지고 있다. '눈에 보이는 부분'이 확실하면, 눈에 보이지 않는 부분은 약간 무너져 있어도 전체적으로 볼 때는 크게 문제가 되지 않는다.

  평상시에는 게을러 보여도 일단 일을 손에 잡기만 하면 엄청난 파워를 발휘한다는 소문이 퍼지는 정도면 가장 적당하다.

  전략적으로 말하자면 전력투구에도 적절한 타이밍이 뒷받침되어야 한다는 것이다. 모두가 열심히 할 때라면 덩달아 열심히 한들 남들과 같은 수준의 일을 하고 있는 것일 뿐이다.

  열심히 하는 모습을 보이고 싶다면 모두의 기분이 풀어져 있을 때가 기회다. 구체적으로 말한다면, 이른 아침 또는 점심시간을 쪼개거나 혹은 퇴근 무렵 모두가 흐느적거릴 때를 노리는 것이다. 아니면 연말연시나 5월처럼 모두가 딴 데 마음을 빼앗겨버렸을 때를 놓치지 말고 공략하라.

요컨대 모두가 한가롭게 노닥거릴 때 당신은 혼자서 묵묵히 일에 전념하는 모습을 보이도록 하라.

인간은 집중력이 떨어지면 자신이 하고 있는 일보다 다른 사람이 하고 있는 일에 관심이 쏠리게 마련이므로, 모두가 손을 놓고 있다면 그 순간을 놓치지 말자. 일에 한창 빠져 있는 당신의 모습은 모든 이의 시선을 붙잡을 것이다.

그런 시선을 온 몸으로 느끼는 바로 그 순간을 놓치지 말고 전력투구하는 것을 어필하라. '우리하고는 역시 뭔가 다른 것 같다'는 생각이 들도록 하면 성공이다.

모두가 바쁘게 열심히 일할 때는 누구나 맡은 일에 정신이 없으므로 주변 상황이 눈에 들어오지 않는다. 그러나 모두가 잠깐 숨을 돌리려고 커피라도 한 잔 마실 때, 바로 그때가 기회임을 명심하라.

3. 지금에 만족하지 않는다고 어필하라

임원이나 공무원, 고급 관리들은 어려운 시험을 돌파했기 때문에 지금의 자리에 있는 것이다. 그러니 두말할 것도 없이 우수한 인재들인데, 그럼에도 불구하고 왜 그렇게 보이지 않는 것일까? 그 이유는 그들이 너무 '안전 지향적'이기 때문이다.

임원은 크게 실수하지 않는 이상 퇴출될 염려를 하지 않아도 된다. 그런 안정된 자리가 보장되어 있기 때문에 우리가 생각하는 '지적인 인간'의 이미지와 상반된 곳으로 향하고 있는 것일지도 모르겠다.

일반인들이 생각하는 '지적인 인간'은 안정적이기보다는 도전적이어야 하며 한곳에 머물러 있는 사람보다는 오히려 새로운 도전을 끊임없이 추구하는 사람에 가깝다.

당신은 "난 정년퇴직할 때까지 앞으로 사십 년 동안 이 회사에 끝까지 남아 있고 싶다"고 말하는 사람과 "난 내 자신의 가능성을 키울 수 있는 직장이 있다면 계속 도전을 멈추지 않을 것이다"라고 말하는 사람 중 어느 쪽 사람에게서 더 지성을 느낄 것 같은가?

심리학자 와드리는 자신을 지적 인간이라고 자평하는 사람들이 자신을 그렇게 생각하지 않는 사람들보다 47퍼센트나 높게 이직을 희망한다고 했다.

즉, 지적인 사람이 변화(이직)를 원한다는 사실이 입증된 것이다.

따라서 안정을 지향하는 성향을 갖고 있다고 해도 지적으로 보이기 위해서는 "기회가 있다면 언제든지 이직을 하고 싶다"는 말을 가끔 해두어라. 물론 거짓말이 되긴 하겠지만 도전적인 모습 속에 지성이 담겨 있다는 것을 의식한다면 그렇게 하는 것이 현명하다.

사무실 책상 서랍 속에 사직서를 준비해두고 "난 언제든지 그만둘 각오로 일하고 있다"라고 어필해두면 그것만으로도 당신은 우수해 보일 것이다.

물론, 그것은 어디까지나 연기일 뿐이므로 순간적인 감정을 앞세워 회사를 그만두는 일은 없어야 한다. 준비가 안 된 상태에서 사표라도 내는 날이면 당신은 그날부터 걱정과 근심의 나날을 겪게 될 테니까. 이 부분은 이성적으로 판단해야 한다.

어디까지나 지적으로 보이기 위한 수단이라는 것을 잊지 않도록 하자. 오직 그런 의미에서 '사직서'를 준비해두는 것이라면 나쁘지 않다.

술만 들어가면 항상 "난 언제든지 그만둘 수 있어!"라고 말하는 사람들이 있다. 이는 오히려 자신의 지성을 떨어뜨리는 일이며 한심한 '패배자'의 모습을 광고하는 것일 뿐이다. 그런 모습은 더이상 보이지 말자.

어디까지나 동료 혹은 상사 앞에서 우연히 그런 이야기가 나왔을 때 "사실은 제게 ○○회사에서 좋은 조건의 입사 제안이 들어왔어요"라고 한마디 던지는 정도로 충분하다.

지적으로 보이고 싶다면 안주하는 모습을 보여서는 안 된다. 현재에 만족하고 있는 사람은 '노예'와 같은 이미지를 풍기게 된다.

"이 녀석은 회사에 안주만 하려 하고, 향상심도 없는 것 같군."

이런 이미지를 심어준다면 언젠가 해고 대상 1순위가 될 수도 있다. 그런 상황을 피하고 싶다면 끊임없이 새로운 것에 흥미를 가지고 도전하며 한편으로는 연기를 해야 한다. 새로운 취미에 심취하는 모습을 보이는 것도 나쁘지 않다. 그런 모습은 현재에 타협하지 않는 도전적인 이미지, 미래 지향적인 이미지를 풍기게 마련이다.

이직을 입에 담는 것에 심한 거부감을 느끼는 사람이라면 취미를 계속 늘려가는 것도 한 방법이다(그러나 꼭 실제로 그런 취미를 가질 필요는 없다). 그것만으로도 평가는 쑥 올라갈 것이다.

거래처의 사람들과 만날 때는 "얼마 전에 취미로 ○○를 새로 시작했습니다"라고 은근히 어필하는 것도 효과적이다.

4. 터무니없는 생각일지라도 자신감을 가져라

"여기서는 강하게 밀고 나가야 합니다. 팍팍 공격합시다!"

"우리라도 새로운 비전으로 밀고 나가야 합니다!"

"성공할 확률이 일 퍼센트라도 있으면 저는 절대 포기할 수 없습니다!"

회의 중 이런 자신감 넘치는 말을 할 수 있는 사람이 되자. 그 소견이 현실적으로 가능한지, 성공할 확률이 있는지, 그런 것은 당장 생각하지 않아도 된다.

무조건 모험적이며 획기적인 발언을 하라. 그런 당신의 모습은 도전적이고 진취적인 성향을 어필하며 지적인 이미지를 심어주는 데 아주 효과적이다.

보수적인 사람들만 모인 자리에서 의욕에 불타는 당신을 어필하라. 물론 그런 자세는 주위 사람들과 결합을 못 하고 혼자서 주위를 맴도는 것처럼 보일 위험성도 배제할 수 없지만, 그보다 더 가치가 있는 긍정적인 평가를 얻을 가능성이 크므로 절대로 놓치는 실수는 하지 마라.

능력 있는 비즈니스맨은 주위의 끊임없는 반대에도 불구하고 단호하게 획기적인 1퍼센트를 선택하는 사람이다.

일본 야마토 운수회사의 오구라 마사오 전 회장은 회사가 심한 경영난에 빠지게 되자 택배로 승부를 내야겠다는 생각을 하게 된다. 그는 건곤일척乾坤—擲의 한판 승부를 벌였고 결과는 대성공이었다. 수익률이 나쁠 것이라는 이유로 아무도 손을 대지 않았던 가정용 택배 시장을 성공적으로 선점한 것이다.

물론, 택배 사업을 시작하기 전까지 중역 회의에서 맹렬한 반대의 벽에 부딪혔지만, 그래도 보수적인 의견에 밀리지 않고 자기의 소신을 굽히지 않았던 것이다.

텍사스 대학교 제럴드 게리슨 박사는 획기적인 1퍼센트를 선택하는 것만으로도 유능해 보이는 효과를 볼 수 있다고 주장했다.

박사는 남녀 대학생 54명을 몇 그룹으로 나눈 다음 토론을 하도록 했다. 단, 토론하기에 앞서 27명에게만 최대한 자신을 유능하게 어필하도록 지시했다.

그 결과, 지시를 받은 27명의 학생들 모두가 획기적인 발언을 서슴지 않았다. 유능해 보이기 위해서는 획기적인 발언만큼 확실한 것이 없다는 것을 이미 경험을 통해 알고 있었기 때문이다.

요컨대 회의에서나 일상의 대화에서 획기적인 주장을 중간 중간에 집어넣으면 당신은 유능해 보일 것이다.

"이대로 추진해봅시다. 무조건 회사와 운명을 같이할 생각으로 최선을 다하겠습니다."

"위험을 각오하고 부딪쳐봅시다. 어쨌든 시작을 해야 성공도 할 수 있습니다."

이렇게 용감한 모습을 보여주면 당신을 보는 눈이 조금씩 달라질 것이다.

또한 담대한 사람일수록 지적으로 보인다. 따라서 다른 사람보다 먼저 획기적인 발언을 당당히 하는 습관을 들이도록 하자.

주위 사람들의 의견에 휩쓸려서 "그렇겠군요" 혹은 "그 말에 동의합니다" 하는 식으로 얼른 찬성하고 나서는 사람들이 어느 직장에나 반드시 있다. 이런 사람은 한 사람에게 사랑받을지는 모르나 다른 모든 사람들에게는 아첨꾼으로 낙인찍힐 뿐이다.

5. 흥미를 갖고 있는 것처럼 보여라

　상대방의 이야기를 들을 때는 흥미진진한 눈과 밝은 표정으로 그 대화에 푹 빠져 있는 듯한 분위기를 만들어라. 어떤 일에서든 흥미를 가지는 성향은 지적인 사람들의 특징이다.

　텔레비전을 볼 때도 거리를 거닐 때도 만약 곁에 누군가가 있다면, 자신이 모르는 것들과 마주했을 때 매우 흥미롭다는 반응을 보이도록 하라. 아주 보잘것없는 단순한 것이어도 좋다. 예를 들어, 길가에 활짝 핀 꽃을 발견한다면 "이 꽃 이름이 뭐지? 궁금하군. 집에 가면 사전이라도 한번 들춰봐야겠는데" 하며 고개를 갸우뚱거리는 정도면 충분하다.

　지적이지 못한 사람은 이 세상에서 일어나는 일들에 열정적으로 관심을 쏟는 일이 없다. 절대 뜨겁게 달아오르지 않는다. 그들은 자신들이 '입이 무겁고 어른스럽다'고 생각하는 경향이 있지만 남들이 볼 때는 그런 모습이 결코 우수해 보이지 않는다.

　미시시피 주립대학교 코윈 센코 박사는 실험 대상자들에게 퍼즐을 풀도록 했다. 그리고 그 퍼즐에 대한 관심 정도에 따라, 그 사람의 유능성 여부(스스로 머리가 좋다고 인정하는 정도)를 추측할 수 있다는 것을 발견했다. 센코 박사에 의하면 흥미를 가지고 퍼즐에 빠져드는 사람의 40퍼센트가 실제로도 유능한 사람이었다고 한다.

　모든 일에 어린아이처럼 흥미를 가지는 성향은 머리가 좋은 사람들의 대표적인 특징이다. 그렇기 때문에 당신도 관심이 쏠리는 모든 것에 대해 적극적으로 표현하도록 하라. 그런 모습을 본 주위 사람들은 당신을 어린아이 같다고 느끼는 한편, 우수한 사람일지도 모른다고 생각할 것이다.

　"우와! 이런 거 진짜 좋아합니다."

　"몹시 흥미롭습니다. 가슴이 갑자기 너무 벅차네요."

　지식은 사물에 흥미를 가지기 시작할 때부터 생기는 것이다. 마찬가지로 호기심과 발상력 역시 사물에 대한 흥미가 더해지면서 생겨난다.

　만약 당신도 세상에 널려 있는 모든 것에 관심이 있음을 사람들에게 어필한다면, 지식에 대한 깊은 관심과 세상에 대한 호기심 그리고 발상력 또한 풍부할 것이라고 모두가 생각할 것이다.

　그러므로 상대방의 이야기가 전혀 재미가 없고, 흥미를 느낄 만한 구석이 없더라도 "예, 그렇군요. 정말 재미있네요" 하며 맞장구를 쳐

주어라.

처음에는 그저 연기로 맞장구를 쳐주다가 순간적으로 그 이야기 속에 빠져들 수도 있다. 만약 그렇게 되면 당신은 정말로 머리가 좋은 사람이 되어가고 있는 것이다. 흥미롭다면 어떤 지식이든지 머릿속에 쏙쏙 들어오게 마련이므로 자연히 머리 또한 좋아지게 된다. 흥미를 가지고 파고들다 보면 그 영역에 관해서 전문가 뺨치는 실력을 겸비하게 될지도 모르는 일이다.

일본 배우 이시하라 요시즈미는 하늘과 흘러가는 구름을 보는 것을 무척 좋아했다. 그래서 날씨에 대해 흥미를 가지기 시작했고 더욱더 그 매력에 빠져들게 되었다. 처음엔 단순히 재미를 느껴서 시작한 것이었는데 나중에는 기상 캐스터로 활동하기도 했다.

싫어하는 것을 배우려고 하면 큰 고통이 될 수도 있지만, 그 대상이 좋아하는 것이라면 얘기가 달라진다. 관심이 있다면 그리 어려운 일도 아닐 것이다.

6. 부지런하게 움직여라

날마다 운동을 하자. 매일 시간을 낼 수 없다면 일주일에 한 번만이라도 반드시 운동을 하자.

일에 쫓기다 보니 운동할 시간이 없다고 생각하는 사람이 대부분일 것이다. 그러나 운동하는 습관은 젊었을 때부터 들여놓는 것이 좋다.

운동을 하면 심리적으로 안정되고, 건강을 유지할 수도 있으며, 본서의 주제에 걸맞게 '지적'으로 보이기 때문에 결코 손해를 보는 일은 없다.

노스이스트 루이지애나 대학교 심리학자 린다 파머 박사는 29세에서 50세까지의 여성 자원봉사자들을 두 그룹으로 나누어 한 그룹은 2주에 걸쳐 매일 20분씩 걷도록 하고, 다른 그룹은 아무런 운동도

시키지 않고 그냥 편한 대로 지내도록 했다.

2주일 후, 파머 박사는 실험 참가자들에게 유능성에 관한 자기평가를 내리도록 했다. 그 결과, 운동을 하는 그룹에 속했던 사람들은 '자신의 유능성이 고조된 것 같다'고 느낀 반면, 비운동 그룹에 속했던 사람들은 전혀 그런 느낌을 받지 못했다고 한다.

지적인 연출을 위해서 제일 먼저 해야 할 일이 있다. 그것은 자신이 유능하지 않더라도 '난 유능하다'고 믿는 것이다. 그렇게 하기 위해서는 위 실험에서 볼 수 있듯, 운동하는 습관을 들여야 한다. 운동은 온몸을 자극할 것이고 당신의 자신감은 더욱 강해질 것이며 결국 스스로 유능하다고 믿게 될 것이다.

운동하는 습관이 몸에 배면 직장에서의 집중력이 강화되고 행동하는 데에서 끊고 맺음도 확실해진다.

쉬는 시간을 이용해 틈틈이 복도에서 트레이닝이라도 하면 무척 멋있어 보일 것이다. 마치 서양의 '엘리트 비즈니스맨'처럼 말이다.

운동을 전혀 하지 않는 사람은 한 번 의자에 앉으면 엉덩이가 무거워지는 것은 물론 새로운 일을 맡으면 귀찮다는 표정이 역력하다. 모든 동작이 느려터지면서 '둔한 굼벵이'의 이미지에서 벗어날 수 없다. 이러한 모습은 지적인 이미지에 치명적이다. 쉬는 시간에 계단을 이용해 운동을 한다거나 스트레칭하는 모습이라도 어필하도록 하자.

기민한 리듬으로 활기차게 행동하면 "활력이 넘쳐서 그런가, 기분 좋게 일하는군" 하는 말이 주위로부터 절로 흘러나올 것이다. 그러면 당신의 연출은 대성공이다. 또한 능력 있는 비즈니스맨으로서도 충분한 자질을 발휘할 수 있다.

"이 서류를 거래처에 전달했으면 하는데, 지금 갔다 올 수 있는 사람 있나?"

"예, 제가 다녀오겠습니다. 날씨도 청명한데 금세 달려갔다 오겠습니다!"

"그래, 그럼 고생 좀 해주게."

"옛, 한 시간 안에 돌아오겠습니다."

이런 단순한 일에도 날쌔게 움직여주는 모습은 누가 보아도 기분 좋은 일이 아닐 수 없다.

중국에서는 엘리트들의 엉덩이가 무거워야 한다는 게 관례라고 한다. 단순한 일에는 직접 나서지 않는 것이 '엘리트다움'을 어필하는 데 도움이 된다는 것이다. 엘리트가 되면 서류가 든 무거운 박스를 나른다든지 박스를 열고 직접 필요한 서류를 찾는 일은 절대로 하지 않는다. 이에 비해 일본은 정반대다. 일본의 '엘리트 비즈니스맨'들은 모두가 한결같은 기동력을 가지고 있다.

운동하는 습관을 들이면 일상에서 일어나는 일을 귀찮아하지 않고 즐겁게 받아들이는 건강한 체력과 정신력을 손에 넣게 될 것이다.

7. 동시에 일을 진행할 수 있도록 유도하라

어떤 사람이든 대체적으로 두세 가지 정도는 동시에 짊어지고 일을 한다. 직장에서 "당신은 이 일만 하세요"라고 한다면 행복할 테지만 그런 비즈니스맨은 없다.

일반적으로 비즈니스맨은 우선 이 일을 마무리하고, 다음에 저 일을 마무리하는 식으로 업무를 진행할 것이다. 그러나 이런 방법은 좋지 않다.

일은 '동시 진행형'으로 해야 한다.

요리를 잘하는 사람은 찜 요리를 하면서 다른 요리도 만들어낸다. 개중에는 찜 요리가 완성될 때까지 그 앞을 지키고 있는 사람도 있으나, 그러면 같은 시간에 한 가지 요리밖에 완성하지 못한다.

일을 할 때도 마찬가지다. 두 가지, 세 가지 일을 동시에 진행시킬 수 있어야 한다. 이것은 '머리가 좋은 것'과는 상관이 없다. 반복 훈련을 통해 연습하기만 하면 가능하다. 단지 익숙해지기만 하면 된다.

'난 절대 못 해!'

이렇게 생각하는 사람에게는 불가능하겠지만, 실제로 하다 보면 의외로 간단하다는 것을 알 수 있다. 이는 양치질을 하면서 소변을 보는 것과 크게 다르지 않다.

미국 국립정신건강연구소의 멜빈 컨스 박사가 10년에 걸쳐 883명을 추적 조사한 결과, 일을 두 가지 이상 동시에 진행하는 타입일수록 '지적 유연성'이 높다는 것을 밝혀냈다. 많은 것을 동시에 해결할 수 있는 타입은 당연히 머리도 좋다는 것이다.

한 가지 일에만 매달려 있다면 당신에 대한 주위의 평가는 차갑기만 할 것이다. 물론 지적으로도 보이지 않는다. 결국 "요령 없이 한 가지 일밖에 할 수 없는 녀석이었군" 하는 평가를 받게 될 것이다.

그러나 한 가지 일을 아주 완벽하게 해결하지 못하더라도 여러 가지 일을 동시에 할 수 있는 능력을 발휘하면 더 인정을 받게 될 것이다.

동시에 여러 프로젝트를 진행시키는 것의 매력은 한 가지가 지체될 때 다른 것에 집중할 수 있다는 것이다. 또한 일의 스피드를 느끼며 흥미도 지속할 수 있다. 한 가지 일만 계속하다 보면 지루함에 빠질 수 있다. 그런 단점을 극복할 수 있는 좋은 방법이 바로 동시에 일을 진행하는 것이다.

8. 적극적인 리더가 되라

어떤 상황에서든 사람들을 리드하려는 것은 좋은 일이다.

동호회에서 리더 역할을 맡아서 한다거나, 직장 내에서 노동위원회 위원장을 맡는 등, 당신도 어떤 작은 모임에서든 기회가 생기면 스스로를 추천해서라도 리더가 되도록 노력하라.

머슴처럼 궂은일을 도맡아 해야 하는 위원회, 조사회, 망년회 등과 같은 모임에서 리더가 되려고 하는 사람은 별로 없으므로 당신이 그 일을 맡아만 준다면 모든 구성원들이 감사해할 것이다.

의장, 반장, 팀장, 주임 등등 무조건 사람들 머리 위치에 서는 사람은 그것만으로도 타인들이 우러러보는 존재가 된다.

따라서 이런 기회가 주어진다면 절대 놓치지 마라.

미국 오하이오 주에 있는 애크런 대학교의 심리학 박사 로버트 G.

로드는 연구를 통해 리더는 지적으로 보인다는 것을 밝혀냈다.

리더가 되어 선두에 서는 것만으로도 지적으로 보인다는 연구 결과도 있으니, 앞장서서 리더가 되는 것만큼 좋은 방법도 없다.

"새로운 프로젝트에 참가할 사람 몇 명을 이끌었으면 하는데, 누구 나설 사람 있나?"

"예, 제게 한번 맡겨주십시오. 팀을 잘 이끌고 나갈 자신이 있습니다."

이렇듯 지금 하고 있는 일과 상관없이 리더의 기회가 생기면 굶주린 물고기처럼 재빨리 달려들어라. 그리고 어떤 잡다한 일일지라도 자부심을 가지고, 자신이 그 일을 책임지고 있는 리더라는 사실을 주위에 어필하라. 그러고는 리더의 역할을 즐겨라.

'리더가 되는 것은 책임감이 필요한 데다 귀찮다'고 생각하는 사람들도 있을 것이다. 그러나 이렇게 좋은 자리를 스스로 차버리는 것은 어리석은 행동이다.

마음껏 재량을 펼칠 수 있다는 것에는 충만감 또한 크게 돌아올 수 있음을 알자. 잡초를 뽑는 단순한 일일지라도, 현관을 청소하는 일일지라도, 커피를 담당하는 일일지라도, 그 일에 관련된 모든 것은 당신에게 '책임'이 있다. '리더'가 된다는 것은 그런 것이다.

도요토미 히데요시는 '주인의 짚신을 가지고 다니는 역할'을 담당했었다. 그는 그 역할만큼은 일본에서 최고가 되려고 노력했다. 그런 하찮은 일도 즐거운 마음으로 임했기 때문에 오다 노부나가의 눈에 띄어 촉망을 받게 된 것이리라.

어떤 일이든지 간에 적극적인 리더십을 발휘하려고 최선을 다한다면, 반드시 당신을 인정해줄 사람이 나타날 것이다.

물론 화려한 무대 위에서 리더가 되면 좋겠지만 그런 준비된 자리는 주인공이 되려는 사람들로 넘쳐나기 때문에 격렬한 경쟁 속에 휘말릴 것이다.

그렇다면 아무도 원하지 않는 곳에서 주인공이 되어 빛을 발하는 것도 괜찮을 듯싶다.

COLUMN

영리한 사람은 사람들 앞에서 담배를 피우지 않는다

미시시피 주립대학교의 로버트 무어 박사는 대학생 152명에게 '크리스'라고 하는 인물의 프로필을 읽고 그 인물에 대한 평가를 하도록 지시했다.

무어 박사는 그 전에 두 종류의 프로필을 준비했는데, 그중 한쪽에만 '크리스는 담배를 피운다'는 항목을 추가했다.

즉, 흡연 여부에 따라서 평가에 어떤 변화가 생기는지를 조사하기 위한 실험이었다. 그 결과, 담배를 피운다는 프로필을 통해서는 적극성이 떨어지고, 생동감을 느낄 수 없으며, 전혀 재미가 없다는 아주 좋지 않은 평가가 나왔다.

이 데이터를 보면 알 수 있듯이 사람들 앞에서는 담배를 피우지 않는 것이 좋다. 나쁜 평가를 받고 싶지 않다면 담배는 혼자 있을 때만 살짝 즐기는 것이 무난할 듯싶다.

나 역시 담배를 피우지만, 사람들과 만날 때는 담배를 피우지 않는다. 왜냐하면 부정적인 평가의 위험성을 감수하면서까지 사람들 앞에서 담배를 피울 필요는 없다고 생각하기 때문이다.

상대방이 담배를 피우니까 당신도 질세라 담배를 빨아대는 행동은 자제하길 바란다.

"선생님, 한 개비 피우세요" 하며 강력하게 권한다면, 그땐

　못 이기는 척 한 개비 정도는 피운다. 그러나 그런 상황이 아닌 이상, 가능하면 사람들 앞에서는 흡연을 삼가라.

　장시간 담배를 참으면 그만큼 담배의 맛은 더욱 기가 막히다. 나중에 더 큰 즐거움을 맛보기 위해서라도 사람들과 만날 때나 일할 때는 꾹 참는 것이 좋다.

　한편, 줄담배를 피우는 사람이 있다. 끊임없이 담배에 불을 붙이고, 순식간에 가득 차버리는 재떨이! 이런 모습은 누가 봐도 아름답지 못하다. 정신없이 필터를 빨아대는 모습 또한 눈살을 찌푸리게 한다. 이왕 흡연을 하겠다면 여유롭게 천천히 피우는 것을 권하고 싶다.

　'담배를 피우는 모습이 지적이고 멋있다'고 생각하는 사람도 있을 것이다. 물론, 그렇게 보일 수도 있다. 그러나 사회적 시각에서 바라본 흡연자들에 대한 평가는 그리 좋지 않다. 일부러 안 좋은 인상을 남기고 싶은 게 아니라면, 숨겨서라도 당신에 대한 부정적인 평가를 막는 것이 현명하지 않을까?

〈표〉

	비흡연자	흡연자
적극적이다	3.8	3.5
생동감이 넘친다	3.6	3.1
재미있다	3.5	3.0

● 출처: Moore, R.S.
● 수치는 5점 만점. 5점에 가까울수록 호의적인 평가를 받은 것임.

PART 6

지성을 높이려면 이 방법이 최고

1. 가장 어려운 전문 서적을 선택하라

이 장에서는 '진짜 지성'을 높이기 위한 작전에 대해서 생각해보도록 하자. 지금까지는 지성을 연출하는 방법만을 소개해왔지만, 이 장에서만큼은 진짜 지성을 익히는 방법을 소개하고 싶다.

물론, 효율적인 방법만을 선택해 지성을 높여가는 비법을 제시할 생각이다. 그러므로 세상에 널려 있는 비법과는 약간 다른 시점에서 파고들 것이다.

우선, 가장 먼저 해야 할 일은 서점에 가서 책을 고르는 것이다. 보통, 이제 막 새로운 분야에 대한 공부를 시작하려 한다면 'ㅇㅇㅇ 입문', '기초부터 ㅇㅇㅇ', '바로 알 수 있는 ㅇㅇㅇ' 같은 책을 고르는 게 일반적이다. 그런 입문서를 본 다음, 중급에 해당하는 책을 고르고, 그 다음에야 상급에 해당하는 책으로 넘어간다. 이렇게 순서대로 단계를 높여가려는 것이 보통 사람들의 습관이다.

물론, 이 방법이 틀렸다는 것은 아니다. 그러나 그런 방법은 많은 시간과 노력을 필요로 하기에 당신에게 그리 추천하고 싶지는 않다.

그럼, 어떻게 해야 할까?

순서를 뒤집어버리는 것이다. 즉, 가장 어려운 전문 서적부터 부딪치는 것이다.

'철학 입문' 등과 같은 입문자들을 위한 책이 아닌, 헤겔의 『정신현상학』을 뒤척거려보는 것이다. '알기 쉬운 경제학'이 아닌, 케인스의 『고용·이자 및 화폐의 일반 이론』에 도전해보는 것이다.

당연히 난해한 내용에 도저히 따라갈 수가 없을 것이다. 그러나 전문서를 읽었다는 자부심으로 인해 왠지 모르게 자신감이 생긴다. 그리고 그 안에서 단 한 줄, 아니 한 문장이라도 이해가 되는 곳이 있다면 "누가 이런 이야기를 했는데" 하며 짤막하지만 해박해 보이는 지식을 풀어놓을 수도 있다.

입문서라고 해서 반드시 이해할 수 있는 것은 아니다. 종류에 따라서는 의외로 어려운 내용을 담고 있는 경우가 있기 때문이다. 처음부터 그런 장벽에 부딪히게 되면 '이런 쉬운 입문서도 이해를 못하다니……' 하며 시작하기도 전에 기가 꺾여 포기해버릴지도 모르는 일이다.

대학 1학년 때 컴퓨터 프로그램 공부를 시작하기 위해서 쉬운 입문서를 구입한 적이 있다. '이 정도면 괜찮겠지'라는 기대는 결국 좌절과 깊은 상처만 남긴 채 책을 덮게 만들었다.

그 이후, 컴퓨터를 만지는 것도 싫어졌다. 지금은 원고를 쓰거나 그 외의 여러 가지 이유에서 대충 사용은 하고 있지만, 아직까지도 컴퓨터에 관한 지식만큼은 전혀 없다. 자신감이 도저히 생기지 않는 이 이상한 콤플렉스에서 여전히 벗어나질 못하고 있는 것이다.

그런 것들을 감안한다면 최고 난관의 전문 서적이라도 '이해가 안 되는 것은 당연한 일, 혹시 이해가 되는 부분이 있다면 더이상 바랄 게 없다'는 가벼운 마음으로 파고들 수 있을 것이다. 따라서 이해를 못 한다 해도 전혀 문제가 되지 않는다. 그중 머릿속에 쏙 들어오는 것이 있으면, 왠지 머리가 좋아진 것 같은 기분이 든다.

개인적으로 관심이 있었던 사상서로 데카르트나 마키아벨리 정도는 손쉽게 건드릴 수 있었다. 학생 시절에 여러 가지 사상서를 읽어 왔지만 내게는 마키아벨리의 『군주론』이 최고였다.

전문 서적을 읽고 조금이라도 이해된 부분이 있다면, 친한 동료에게 자연스럽게 이야기해본다. "데카르트의 말에 의하면" 하는 식으로 잡담하듯 인용하는 것이다. 그렇게 조금씩 써먹는다면 확실하게 그 지식은 당신의 피가 되고 살이 될 것이다.

지식이라는 것은 사용하기 전까지는 머릿속에 쓸모없는 단어들을 열거해놓는 것에 불과하다. 그러나 대화를 통해 밖으로 나오는 순간, 그것은 자신만의 '지혜'로 형태가 바뀌게 된다. 물론 멋지게 변신시키는 것은 당신의 능력에 달렸다.

덧붙이자면, 입문서를 선택하지 말아야 하는 또 다른 이유는 원서에서만 느낄 수 있는 '주옥같은 의외의 것들'이 실려 있지 않기 때문이다. 정말 재미있는 이 '의외의 것들'은 초보자들을 위한 입문서에는 없다.

예컨대 나폴레온 힐의 『성공 철학』에는 '섹스에 대한 열정을 비즈니스에 불태워라'는 재치 있는 문장이 나온다. 이것만으로도 1장에 어떤 내용이 담겨 있는지 추측할 수 있다.

섹스를 밝히는 남성일수록 성공한다는 이야기는 남성이라면 매우 흥미를 느낄 만하다. 그러나 이런 '의외의 것들'이 『만화와 그림으로 알기 쉽게 설명하는 나폴레온 힐의 성공 철학』에는 전혀 나오지 않는다. 왜 삭제가 됐는지는 알 수가 없다. 분명 성욕에 대한 묘사가 그 책에는 부적절하다고 생각했기 때문일 것이다.

어쨌든 이런 식으로 원서에는 실려 있는데 입문서에는 삭제가 되어 버린 '의외의 것들'이 정말 생각보다 많다.

그러고 보니 요시다 겐코의 『도연초徒然草』에는 '별거하면서, 서로의 사랑을 가끔 확인하는 정도가 오랜 시간을 같이할 수 있는 비결이다' 등으로 상식 틀을 깨버리는 표현들이 심심찮게 실려 있으나, 교과서적인 입문서에서는 그런 '재미'가 삭제되어 있다.

오감을 자극하는 재미를 느껴보고 싶다면 전문서나 원서에 손을 대는 것이 현명하리라고 본다.

2. 목표를 너무 높게 잡지 마라

배움에 완벽이란 없다. 어떤 학문이든 적당한 선에서 마무리할 줄 알아야 한다. 이게 바로 최고의 공부 비법이다.

나는 스페셜리스트가 될 거야, 나는 전문가가 되고 말 거야, 이런 각오로 공부를 시작하면 쉽게 지친다. 왜냐하면 어떤 학문이든 전문가로서 인정받기까지는 힘난하고 외로운 길을 혼자서 끝없이 걸어야 하기 때문이다.

경제학에는 '수확체감의 법칙'이라는 유명한 개념이 있다. 이는 농지에서 작업하는 노동자가 증가할수록 1인당 수확량은 점차 줄어든다는 데서 나온 경제 법칙이다. 예를 들면, 토마토에 비료를 주면 줄수록 처음에는 그 수확량이 증가한다. 그러나 시간이 지날수록 늘어나는 비료의 양에 비해 한계적 수확량은 더이상 증가하지 않는다는 것이다.

공부의 원리 역시 이와 같다. 처음에는 재미와 함께 머릿속으로 쏙쏙 들어온다. 그러나 어느 정도 시간이 지나면 정성과 노력을 들여도 더이상 진전이 없다. 능률 또한 현저하게 떨어진다.

나는 심리학 전문가다. 대부분의 전문가들이 그러하듯이 나 또한 일주일에 관련 논문을 50개 이상은 훑어본다. 그렇다고 심리학에 관한 모든 것을 완벽하게 꿰뚫고 있느냐 하면 그렇지도 못하다. 전 세계에 발표되는 논문의 수는 연간 10만 개 이상이라고 알려져 있다. 그런 어처구니없는 양을 전부 다 소화해내기란 어렵다.

당신은 어디까지나 '지성 연출'이 가능하기만 하면 되니까, 굳이 상급자가 될 필요는 없다. 중급자 정도면 충분하다.

창피는 안 당할 수준이라는 확신이 선다면, 이렇게 생각하자.

'그럼, 이 학문은 여기서 마무리하고, 다른 거라도 배워볼까?'

이렇게 적절한 단계에서 정리를 해버리는 것이다. 다시 말해, 이게 만약 시험이라면 100점 만점을 목표로 하지 말고 60점 정도로 만족하라는 뜻이다. 일상생활에서 사용하기 위해 준비하는 것이므로 이 정도면 충분히 넘치고도 남는다.

철학도 60점, 정치도 60점, 경제도 60점, 식물학도 60점, 오락도 잡학도 60점, 이 이상 무엇을 바라겠는가?

물론, 공부를 하다 보니까 그 학문이 너무 흥미로운 나머지 심취해버렸다면 이야기는 살짝 달라진다. 그땐 결판이 날 때까지 아주 깊게 파고들면 된다.

내게는 심리학이 그런 경우였다. 그야말로 허다한 학문의 문턱을 가볍게 넘나들었으나, 제일 재미있는 학문은 심리학이었다. 심리학을 논하기에는 아직도 멀었다고 생각하지만, 그래도 아직은 심리학이 좋다.

세상에는 생각했던 것보다 지식이나 이해가 따라주지 않거나 할 때면 자신을 심하게 채찍질하는 고지식한 사람들이 있다. 이는 지나치게 완벽한 것만을 고집하기 때문이다.

오히려 처음부터 완벽주의를 내팽개쳐 버리고 이렇게 생각하자. '적당히 지식을 쌓는 정도면 충분하다'라고. 이런 기분으로 시작하면 여유롭게 오랜 시간 공부를 즐길 수 있다.

3. 암기한 지식은 곧바로 사용하라

공군들이 보는 체조 관련 팸플릿을 들여다본다고 해서 체력 단련이 되는 것은 아니다. 승마, 테니스, 자전거에 관한 책을 샅샅이 읽고 이해했다고 해서 모두가 전문가가 되는 것은 아니다.

실전 없는 지식은 공허하다. 지식만으로 모든 것을 알고 있다고 말할 수는 없다. 즉, 지식을 완전히 내 것으로 만들기 위해서는 그 지식을 직접 체험해봐야 한다.

나는 의외로 책을 많이 읽는 편이다. 물론 분야도 다양하다. 그렇기 때문에 나름대로 독해력도 겸비했다고 자신한다. 때문에 전혀 실전 경험이 없는 요리책을 읽는다 해도 99퍼센트의 이해는 가능하다.

힘들게 책을 읽고 그 안에서 무엇인가를 배웠다면 망설임 없이 곧바로 사용해봐야 한다. 만약 그게 지식이라면 머릿속에 아직 선명하게 자리하고 있을 때 대화에 적용시켜야 한다.

친분이 있는 사람들과의 대화라면 자연스럽게 "혹시 이 이야기 알고 있나?" 하며 알고 있는 지식을 표현하라. 그러면 그 지식은 확실하게 당신의 뇌에 정착될 것이며, 그때 비로소 당신의 것이 된다.

이야기를 들려줬을 때 상대방이 많이 흡족해하면 당신도 즐거울 것이다. 그런 것들에 힘을 얻어 더욱 새로운 지식을 습득하려고 노력하게 될 것이다.

밖으로 드러내지도 않을 거라면, 써먹지도 않을 거라면, 뭐 하러 힘들게 지식을 습득했는지 그 이유가 무색해질 뿐이다. 본서의 주제는 어디까지나 '지성을 연출'하는 것이므로, 연출하기 위해서라도 타인에게 보여주지 않으면 아무런 의미가 없다.

나는 상대가 누가 되든 전날 읽은 심리학에 관련된 데이터를 거침없이 풀어놓는다. 그것이 오래전부터 습관화되었다.

여유로운 잡담 속에서 새롭게 얻은 지식을 시험해보라. 그러면 상대방도 무척 즐거워하며 이야기에 귀를 기울여줄 것이고, 그러면 당신의 마음 또한 푸근해질 것이다. 물론 상대는 그런 지식들을 가지고 있는 나를 '머리가 좋은 사람'으로 생각할 것이다.

타인과 잡담을 즐겼을 뿐인데 그저 책을 읽고 났을 때와는 달리 내용이 더 확실하게 다가온다. 다시 한 번 지식을 되풀이함으로써 자신감을 덧붙이는 것이다. 물론 누군가에게 들려주기 위해서는 확실하게 이해해두지 않으면 안 되기 때문에 '알 것 같으면서도 몰랐던 것들'까지도 알게 된다.

처음에는 상대방의 질문에 횡설수설할 수도 있다. 약간 창피하기도 하겠지만 이것은 피해 갈 수 없는 관문이므로 참고 견뎌내야 한다. 그리고 당신이 상대방에게 흥미로운 이야기를 해주면 상대방도 "그럼, 이 이야기는 혹시 알고 있나?" 하며 다른 이야깃거리를 제공한다. 그렇게 지식의 영역을 넓혀가는 것이다.

동료, 후배, 부하, 상사, 혹은 고객이든 거래처 사람이든 그 누구든 상관없다. 암기한 지식을 곧바로 누군가에게 이야기해보자. 지식을 아까워하지 말고 밖으로 표출하자. 그렇게 하지 않으면 잊어버리게 마련이다.

한 가지라도 괜찮다. 재미있는 지식을 알게 되면 그것을 대화의 중심으로 끌어들이는 게 포인트다.

4. 힘이 넘치는 필체를 사용하라

　최근에는 컴퓨터나 휴대전화가 필수품이 돼버렸다. 그래서 글씨를 쓸 기회도 점점 줄어들고 있다. 편지를 쓰는 일은 상상할 수도 없다. 기껏해야 엽서나 카드를 보내는 정도일 것이다. 손으로 직접 문장을 써 내려가는 일은 계속 줄어들 것이다.
　그러나 아직은 서류에 서명을 해야 하고, 택배를 보낼 때 주소도 써넣어야 한다. 물론 청구서나 견적서 작성도 손을 거쳐야 한다.
　글씨를 쓸 때는 최대한 '힘이 넘치도록' 노력하자. 필체에 힘이 있으면 왠지 뛰어난 사람처럼 보이기 때문이다.
　일단 여기서 명필, 악필은 따지지 말자. 큼직하고 힘찬 필체로 된 문장을 보면 그 사람의 자신감까지 느껴진다. 그러므로 글씨는 당당하게 쓰는 것이 좋다.
　나의 글씨는 기가 막힐 정도로 악필이다. 그래서 펜글씨 강좌를 들어보려는 생각까지 했었다. 이런 악필인 나도 봉투에 상대방의 이름을 기재할 때만큼은 큼직하고 힘차게 쓴다. 잘 쓰지는 못하지만 적어도 당당한 인간이라는 것을 어필하기 위해서다.

필체에 힘이 빠져 있으면 같이 일하는 파트너로서 부적격이라고 생각할 수도 있다.

실제로 한 경영자는 청구서에 적혀 있는 상대방의 필체가 너무 약하다 싶으면 그 사람과 더이상 관계를 지속하지 않는다고 한다. 왜냐하면 그런 사람은 "믿고 의지할 수가 없기 때문이다"라고 경영자는 말한다.

하나 덧붙이자면, '동글동글한 필체'로 쓰는 것도 그만두어라.

많은 여성들이 '동글동글한 필체'를 사용한다. 더군다나 남성 중에도 그런 필체가 있다. 나는 그런 필체를 절대 권하고 싶지 않다. 너무 유치하기 때문이다. 좀더 선명하게, 날카롭게 쓰는 것이 좋다.

그리고 동글동글한 글씨를 쓰고 있으면 그것만으로도 지성을 깎아내리는 충분한 이유가 된다.

'뭐야, 이 사람 성장을 덜 했나?'

이렇게 생각할 수도 있으니, 그런 하찮은 부분으로 인해 자신의 평가를 낮추는 일은 없어야 하겠다.

필적학筆跡學의 아버지라고 불리는 J.H.미숑에 의하면, 시원시원한 필체를 사용하는 사람 중에는 '끝맺음이 확실한 사람'이 많다고 한다.

이러한 필체를 가지게 되면 당신도 언동에 빈틈이 없고 끝맺음이 확실한 사람이 되는 것이다.

5. 흥미 있는 것에만 도전하라

　영리해지고 싶다면 좋아하는 것만 공부하면 된다. 싫어하는 것은 아무리 노력해도 몸에 배지 않기 때문이다. 물론, 불가항력에 의해 하지 않으면 안 되는 상황도 있다. 그런 것들을 제외하면 '싫은 것은 하지 않는다'는 것이 가장 좋은 방법이다.

　나도 지금까지 살아오면서 내게 맞지 않는 공부를 해야만 할 때가 있었다. 심리학 실험 때문에 데이터를 해석할 줄 아는 지식이 무조건 필요했으므로 정말 마주하고 싶지도 않은 통계학 공부를 해야 했다. 어렵기만 한 통계학 용어들, 겨우 이해할 정도로 정말 힘들었다. 어쨌든 대학원 시험에 반드시 필요한 분야였으므로 남들보다 열심히 공부했다.

　그러나 작은 흥미조차 느낄 수가 없는 것은 어떤 방법을 총동원하더라도 재미가 없다.

"우선, 어떤 학문이든지 먼저 흥미를 가지고 접근합시다. 그러면 자연스럽게 지식이 몸에 밸 것입니다."

환한 표정으로 이렇게 이야기하는 교육자도 있지만, 싫은 것은 싫은 것이다. 그야말로 어떤 노력을 해도 먹히지 않는다. 그렇다면 싫은 것은 피해 가는 것이 최고다.

인간은 이런 부분에서만큼은 아주 정직하게 반응한다. 그렇기 때문에 싫어하는 것에는 눈길조차 주지 않으며 주더라도 그리 길게 가지 않는다.

이는 일이든 공부든 간에 모두 적용된다. 안타깝지만 온몸으로 거부하는 것을 좋아할 수는 없는 일이다.

예컨대 "먹어보지도 않고 못 먹는다"고 하면 타인들로부터 놀림을 당하지만, 그럼에도 불구하고 싫어하는 음식은 냄새도 맡고 싶지 않은 것과 같다.

우리가 여기서 할 수 있는 일은 겨우 '알고 있는 것'처럼 보이도록 행동하는 것이다.

나의 경우, 통계학에 대한 지식은 별로 없으나 통계학에 대해 자세히 알고 있는 척 행동하는 것은 가능하다. 대학원 시절에 힘들게 노력한 덕분이다. 어쨌든 대학원 시절은 그렇게 해서 어렵사리, 그러나 무사히 보냈다.

책에서 읽은 지식을 적당히 섞고 분위기를 띄우는 대화법을 적용시키면서 지금까지 소개한 테크닉을 적절히 사용하면 '통계학의 달인'이라는 꼬리표를 달게 되는지도 모른다. 그러면 일단은 성공이다.

"상관계수를 제곱하면 알 수 있을 것 같은데."

"분포도 확인은? 분포의 정규성을 확인해두는 것이 좋을 듯해."

"이것은 셀이 오 이하이므로 확률의 연속보정을 해두는 것이 좋겠는데."

이런 식으로 친구들과 교수님 앞에서 떠들어댔던 기억이 새삼 떠오른다.

확실한 의미는 제대로 알지도 못하면서 책에 실린 대로 암기한 것을 그대로 사용해본 것이다. 그래도 모두가 나에게 놀란 표정들을 보냈다.

수험생은 정말 싫어하는 과목이라도 시험 때문에 어쩔 수 없이 공부해야만 한다. 그러나 이미 학교를 졸업하고 사회에서 활동 중인 당신은 그럴 필요가 없다. 자신이 좋아하는 것만 하면서 살아갈 수 있다. 또한 반드시 그런 삶을 살아야 한다. 약간의 질타 정도는 극복하면서 말이다.

우리 인생에는 끝이라는 것이 있기에 불필요한 것으로 시간을 낭비하는 일은 결코 현명하지 못하다. 한정된 시간이 주어진 만큼 당신의 만족도를 자극하는 것들을 위해 투자하고, 그 외의 것들은 적당히 넘어가면 된다. 때로는 이런 생각도 필요하다.

6. 하기 싫은 공부는 단기간에 끝내버려라

하고 싶지 않은 것들은 몰아서 한 번에 처리해버리는 것이 좋다.

맛없는 것을 먼저 후딱 먹어버리고, 제일 좋아하는 것을 천천히 음미하면서 먹는 것과 같은 원리다. 적어도 나 같은 경우는 그렇게 하고 있다.

싫은 과목은 단기간에, 그것도 있는 힘껏 부딪쳐야 한다. 총동원된 집중력을 완전히 가동시켜 이해한 뒤 끝내버리는 것이다.

당신이 좋아하는 분야라면 몇 년에 걸쳐 조금씩 아주 조금씩 심취해 나아갈 수 있으나, 싫어하는 공부는 3주가 됐든, 석 달이 됐든 무조건 집중 공략을 해 속전속결로 끝내버린다.

나는 정말 하고 싶지 않지만 반드시 해야만 하는 것들이 있을 땐 온몸의 신경을 집중해 단기간에 처리해버린다. 왜냐하면 관심도 없는 공부를 언제까지나 붙들고 있고 싶지 않기 때문이다.

관심이 없는 공부를 할 때는 뉴스도 신문도 보지 않는다. 빨리 끝내버리고 좋아하는 것을 천천히 하고 싶기 때문이다.

"아, 정말! 이게 뭐야, 왜 이런 걸 해야만 하는 거지?"

이런 불평이 절로 나오는 공부는 속전속결만이 살길이다. 그런 것을 한없이 붙들고 늘어지는 사람들을 볼 때면 사실 이해가 안 된다. 온몸으로 거부하고 싶지만 그래도 피해 갈 수 없는 것이라면 빨리 처리해버리고 더이상 보지 않는 것이 좋을 듯싶은데, 당신의 생각은 어떠한지?

앞에서 나는 통계학을 별로 좋아하지 않는다는 말을 하긴 했지만, 통계학적 지식은 심리학이라는 학문과 떼려야 뗄 수 없는 관계다. 그래서 받아들이기로 했다. '일 년만 죽었다 치고 해보자. 하지만 딱 일 년이다. 그 이상은 절대 하지 않겠다'는 생각으로 시작했다.

통계학에 약한 다른 대학원생들은 점점 나중으로 미루거나 조금씩만 공부하는 정도였다. 그러나 통계학은 반드시 짚고 넘어가야 할 필수 항목이다. 나중으로 미뤘던 대학원생들은 졸업 논문을 쓸 때쯤 되자 힘들어했다. 힘들고 싫은 것이라고 해서 자꾸만 뒤로 미루면 나중에 몇 배로 힘든 상황에 처하게 된다.

노력과 에너지는 집중해서 표출하는 것이 정석이다.

전쟁터에서도 마찬가지다. 지나치게 전선戰線을 넓혀서 힘이 분산되면 순식간에 격파를 당하게 된다. 한곳에 힘을 집중시켜야 폭발적인 힘을 과시할 수 있다. 그 힘은 보통 때라면 할 수 없는 일도 가능하게 한다.

공부도 마찬가지다. 싫어한다고 해서, 띄엄띄엄 적당히 넘어가거나 힘을 분산시켜 설렁설렁 하는 것은 분명 어리석은 짓이다. 능력이 분산되면 오히려 마스터하는 데 시간만 걸릴 뿐이다. 결국 더 싫어하는 감정이 꼬리에 꼬리를 물게 된다.

관심도 없는 공부를 해야만 할 때는 집중적으로 공략하는 방법이 최고다. 그리고 '아, 더이상 하지 않아도 된다. 이젠 날아갈 것 같다'는 기분을 한번 느껴보길 바란다.

고3 때 죽도록 공부에 매달려서 좋은 입시 결과가 이어지면 더이상 힘든 나날을 보내지 않아도 되는 것과 같다. 다시 그 힘든 날들을 반복하느니 지금 이 순간에 최선을 다하는 것이 훨씬 편할 것이다. 어떤가? 갑자기 당신의 생각이 궁금해진다.

7. 세세한 것에는 신경을 끄고 진도를 나가라

문제집을 구입하면 첫 페이지부터 천천히, 시간이 얼마나 걸리든 모든 문제를 풀어야만 직성이 풀리는 사람이 있다. 그러나 이런 방법은 틀린 것이다.

맞든 안 맞든 일단 풀고 본다. 그리고 모를 땐 그냥 넘어가고 무조건 마지막 페이지까지 가보는 것이다.

참고서를 볼 때도 이해가 안 되는 부분이 있으면 하나하나 다시 체크하고 반복하고, 사전을 펼치거나 자료를 찾아보는 사람들이 있다. 그러나 이것 역시 틀린 방법이다.

일단 시작했으면 단번에 마지막까지 막힘없이 간다. 그러면 기분상 성취감을 느끼게 될 것이고, '나는 이 책을 다 읽었다'는 자신감도 얻는다. 그러니까 공부를 할 때는 하나하나 세세한 부분까지 이해하려고 하지 않아도 된다. 그냥 척척 진도를 나가는 게 최고다.

책을 덮었을 때 3분의 1 정도만 이해하고 있으면 그것으로 충분하며, 반 이상 이해를 하고 있다면 대만족이다.

예를 들어, 800페이지 이상이나 되는 심리학 원서를 진지하게 독파하려면 오랜 시간을 투자해야 한다. 어느 정도 영어 실력을 겸비하고 있다고 해도 1주일은 걸릴 것이다. 그러나 나는 대여섯 시간 정도면 읽어버린다. 그렇다고 내가 속독을 할 수 있는 것도, 입에 버터를 바른 것처럼 영어가 술술 되는 것도 아니다. 비결은 아주 단순하다. 바로 '대충대충 읽어 넘기기' 때문이다. 이 방법은 아주 유용하다.

스포츠 심리학 연구에 의하면 초보자일 때 겁 없이 무조건 밀고 나가서 실패하는 사람과 안전 제일주의로 하나부터 열까지 신중하게 하는 사람의 실력 향상 정도를 비교해봤을 때, 겁 없이 하는 사람이 더 빠르게 향상된다는 것이 밝혀졌다. 의외의 결과처럼 보일 수도 있겠지만 이는 사실이다.

펜싱에 관한 실험을 하나 소개해볼까 한다.

대상자들을 A와 B 그룹으로 나눈 뒤, A그룹에게는 정확성은 무시해도 상관없으니까 무조건 강하고 빠르게 찌르는 것만을 강조하며 연습시켰다.

B그룹에게는 약하거나 느려도 괜찮으니까 무조건 정확하게 찌르는 것만을 강조해서 연습시켰다.

몇 주가 지나 시합을 해본 결과, 더 높은 포인트를 받은 것은 A그룹이었다. A그룹은 B그룹보다 강하고 빨랐으며 정확성에서도 훨씬 앞서 있었다.

　순서도 앞뒤도 따지지 말고 무조건 빠르게 진도를 나가는 것이 최선이다. 처음부터 빈틈없는 정확성만을 고집하면, 인간이라는 동물은 끝까지 가기도 전에 지쳐서 성장을 멈춰버리는 성향을 가지고 있다.

　아주 작은 것에 지나치도록 촉각을 세우면 발전하지 못한다. 이것은 스포츠 심리학에서 밝혀진 원리이긴 하지만, 공부하는 데에도 응용할 수 있다.

　몇 페이지 못 나가서 다시 앞으로 돌아와 복습하고 또 확인하려다 보면 전혀 앞으로 나갈 수가 없다. 대충대충 넘어가도 괜찮으니 두려워하지 말고 무조건 전진하도록 하라. 그렇게 하는 것이 공부에 도움이 된다는 사실을 이제 당신도 경험하길 바란다.

8. 책을 읽을 때에는 메모하라

　책을 읽을 때는 줄을 긋거나 메모를 하는 것이 좋다. 그렇게 하면 왠지 '이해가 된' 듯한 기분이 들기 때문이다. 그리고 현명해진 것 같은 기분도 든다.

　나는 이해할 수 없는 책을 읽을 때는 무조건 줄을 긋는다. '이게 무슨 뜻이지?' 하는 곳이 나오면, 반드시 줄을 긋고 여백에 이것저것 생각나는 것들을 적어놓는다.

　전혀 모르는 것보다는 낫다고 생각하기 때문에 특별히 관심을 가지고 꼭 그렇게 한다.

　가끔 집에 오는 친구가 있는데, 올 때마다 그는 여지없이 내 책장에 손을 댄다. 그가 뽑아든 책에 우연인지 필연인지 엄청난 양의 메모가 빼곡히 적혀 있기라도 하면 "역시 머리가 좋은 데는 다 이유가 있구나!" 하며 관심을 보이곤 한다. 하지만 사실은 그다지 굉장하지도 대단하지도 않다. 내가 적은 것을 천천히 읽어보면 알 수 있는 일이지만, 시시하고 쓸데없는 낙서들로만 가득하다.

또 다른 연출 방법으로는 따로 메모를 한다. 이를테면 꽉 찬 메모들로 빼곡한 수첩을 슬쩍 상대방에게 보이는 것이다. 그러면 상대방도 분명 놀랄 것이다. 일부러 상대방이 보이도록 펼쳐놓고 메모를 하는 것도 괜찮은 방법이다.

네브래스카 대학교 링컨캠퍼스의 교육 심리학자 케네스 큐라는 '머리가 뛰어난 사람(창조력이 뛰어난 사람)'이 수업을 들을 때 하는 행동을 조사한 적이 있다.

그 결과, 머리가 뛰어난 사람일수록 노트에 필기를 했고 그렇지 않은 사람은 전혀 필기를 하지 않았다.

필기를 하는 것은 정말로 머리를 좋게 만들려고 할 때 유효한 방법이다. 물론 머리를 좋게 만들겠다고 의식하지 않아도 가능하다. 메모를 하고 있는 것만으로도 타인의 눈에는 그렇게 비칠 것이다. 이를 이용해 메모하는 척하기만 해도 상관없다.

"그런 거였었군……. 음, 여기를 이렇게 하면 되는군. 흐음."

이런 정도로 중얼거리면서 메모를 하면 된다. 그런 모습은 무척 지적으로 보일 것이다.

펜을 들고 공부를 한다거나 연기력을 발휘해서 그런 척한다거나 해도 역시 지적으로 보인다. 또한 진짜로 머리가 좋아질지도 모른다는 '가능성'까지 따라올 수 있다.

그러니까 책을 읽을 때 여백 가득히 메모를 해두면 설령 그 내용들을 모두 이해하지 못했더라도 읽고 난 다음에 독파했다는 만족감이 여느 때보다 높을 것이다. 이런 기분은 의외로 무척 소중하다.

그러나 책에 펜으로 끼적이는 것은 정서적으로 맞지 않다고 생각하는 사람들이나 책을 깨끗이 보존해야만 한다고 고집하는 사람들도 물론 있을 것이다.

내 생각에는 책이란 어디까지나 자신을 위한 것이므로 필요성에 맞게 지저분해질 정도로 사용해서 '드디어 내 것이 되었다'는 정복감을 맛보는 것도 좋을 듯싶다.

9. 책을 읽을 때에는 자기암시를 하라

어려운 책을 읽을 때 마구 메모를 하면 뭔가 이해된 것 같은 느낌이 든다고 앞에서도 언급했는데, 거기에 한 가지만 더 접목시키면 완벽하다고 할 수 있다.

그것은 바로 '소리를 내어 읽는 방법'이다.

대체적으로 성인이 되면 책을 소리 내어 읽지 않는다. 이는 잘못된 습관이다.

음독音讀은 이해력을 한층 증폭시키는 최고의 방법이다. 옛날 아이들은 어려운 한문 서적을 큰 소리로 읽으면서 암기했다. 한자의 뜻을 자세하게 이해하지는 못해도 목청껏 소리를 지르면서 외우면, 그것대로 이해가 된 거나 다름이 없었다.

아이들에게는 음독을 시켜라. 물론 이유를 이해시킬 필요는 없다. 잘 읽지도 못하는데 주제라든가, 감정이라든가, 요점이라든가, 작자의 의도 등을 알 리 만무하므로 그저 무조건 소리 내어 읽도록 유도하는 것이다. 그러면 자연스럽게 독해력이 몸에 밸 것이다. 이런 원리는 초등학교 선생님이라면 누구나 알고 있을 것이다.

미국에서 보이스 아티스트로 활약 중인 수잔 버클리에 의하면, 음독은 독해력 향상에 도움이 되며 언변 또한 좋아지게 한다.
그야말로 일석이조가 아닐 수 없다. 그렇다면 음독만 할 게 아니라 여기에 자기암시 대사도 집어넣자.
"그렇군, 이제야 이해가 돼."
"이제야 알겠어, 납득이 되네."
"그래, 그런 뜻이었군, 알 것 같아."
"자, 그럼 이대로 끝까지 독파해보자!"
이런 식으로 자기암시 대사를 중얼거리면서 책을 읽으면, 정말로 알 것 같은 기분이 든다. 즉, 자신에게 스스로 최면을 거는 것이다.
"알 것 같아, 알 것 같아"라고 되뇌면서 책을 읽으면 이해도 훨씬 빨라진다. 말하자면 "당신은 잠이 온다, 잠이 온다" 하면서 최면을 거는 것과 크게 다를 게 없다. 그러면 정말 잠이 드는 것처럼, 자신에게 직접 말을 걸어주면 진짜로 그렇게 되는 심리에 빠져든다.
음독을 하면서 중간 중간에 "그렇군, 그렇군" 하는 추임새를 잊지 말고 넣어보도록 하자. 이렇게 자기암시를 활용한다면 아무리 난해한 전문 서적도 두렵지 않을 것이다.
나는 지금까지 이런 식으로 전문 서적을 독파해왔다. 완전히 이해했다고는 말할 수 없지만, 어느 정도 이해가 된 듯한 느낌은 확실하게 든다. 당신도 그렇게 되리라고 장담할 수 있다.

또한 자신에게 얘기를 걸면서 책을 읽으면 한층 재미가 더해질 것이다. 입을 꽉 다물고, 시선만 문장을 따라 움직일 뿐이라면 금방 지루해질 것이 분명하다. 물론 재미있는 책이라면 상관없겠지만.

따라서 "이 책, 진짜 재미있는데", "도움이 될 만한 것들이 잔뜩 실려 있네. 정말 대단해" 하는 식으로 비록 뻔한 거짓일지라도 자기암시를 걸어주는 편이 책을 끝까지 읽는 데 많은 도움이 될 것이다.

COLUMN

머리를
염색하지
마라

학창 시절에 한 번쯤 염색을 했던 사람들도 취업을 준비할 때는 서둘러 검은색으로 원상복귀시킨다. 그들은 직감적으로 염색한 머리가 면접관들에게 좋은 이미지를 심어주지 못한다는 것을 알고 있기 때문이다.

그렇다. 일반 사람들은 분명히 검은색을 선호한다. 이것은 나의 개인적인 취향을 말하는 것이 아니다. 검은색 머리가 좋은 이미지를 남긴다는 것은 이미 과학적 연구로 밝혀져 있다.

뉴욕 프레도니아 대학의 심리학자 E.D.로슨 박사는 대학생 240명에게 여러 색상으로 염색한 인물들의 사진을 보여주고, 각각 점수를 매기도록 했다.

그 결과, 금발이나 갈색 머리에 비해 검은색 머리를 한 남성이 아래의 다섯 항목 모두에서 최고의 점수를 받았다.

- 아름다움
- 즐거움
- 따뜻함
- 편안함
- 재미

　내가 검은색 머리를 권하는 것도 이 데이터의 영향을 받았기 때문이다.

　머리가 검은색이라는 것만으로 매력적이고, 즐거움과 따뜻함, 편안함을 느끼며, 재미있는 인간이라는 평가를 받을 수 있다는 것은 크나큰 이득이 아니고 무엇이겠는가.

　동양인들은 태어날 때부터 검은색 머리를 가지고 있으니 일부러 염색할 필요도 없다. 그래도 머리색을 바꾸고 싶다면 헤어매니큐어 정도가 적당하다. 머릿결 손상을 막아주고 윤기나게 하는 헤어매니큐어 정도라면 괜찮겠지만 전혀 다른 색으로 염색을 해버리는 것은 그만두었으면 한다. 그랬다가는 머지않아 머리가 자라면서 검은색의 불일치로 인해 지저분한 인상만을 남기게 된다.

　혹시 집에서 염색이라도 하는 날에는 최악의 결과가 기다리고 있음을 명심하라. 스스로 자신의 평가를 낮추어버리는 결과를 초래할 테니 말이다. 그런 마이너스 부분을 만들면서까지 염색을 할 필요가 있을까?

　젊은 비즈니스맨이라면 몰라도 대부분의 비즈니스맨은 그런 불필요한 선택을 하지 않으므로 그 부분은 안심해도 될 듯싶다. 그러나 아주 가끔, 불혹의 나이에도 불구하고 해괴한 색상으로 머리를 물들인 채 거리를 활보하는 사람과 마주칠 때가 있다. 남의 일이긴 하지만 걱정이 앞서는 것은 어쩔 수가 없다.

　머리와 관련지어 하나 더 추가하자면, 남성의 장발은 일단 보기에도 흉하다. 긴 머리가 어울리는 사람이라면 혹시 모를

까, 대부분의 사람은 어울리지 않는다.

긴 머리가 멋있을 수도 있지만, 남성일 경우는 지성에 대한 평가와 연결되어 있다는 점을 감안할 때 다시 한 번 생각해봐야 할 부분일 듯하다.

마지막으로

본서에서는 지적으로 보이기 위한 심리 비법을 다방면으로 살펴보았다. 또한 몇 번을 반복, 또 반복해서 귀에 못이 박힐 정도로 '어리석게 보이는 것보다는 지적으로 보이는 것이 훨씬 낫다'는 사실을 강조해왔다. 이것이 정말로 도움이 될지는 당신 스스로 직접 체험을 통해 실감해보면 쉽게 알 수 있을 것이다.

나는 어릴 때 그리 머리가 좋은 편이 아니었으며 지금도 그렇게 생각한다. 그러나 '왠지 머리가 좋아 보인다', '장래 크게 될 인물이다' 하는 식의 인상을 주위에 풍기도록 하는 데에는 남다른 기술을 가지고 있었던 것 같다. 모두가 그렇게 믿고 있었으니까 말이다.

한마디로 세상살이에 너무 능숙한 아이였던 것 같다. 전혀 모르면서도 알고 있는 것처럼 행동했고, 거짓말에도 거침이 없었다.

중학교 때 성적은 평균 이하였다. 왜냐하면 중2 때까지 5단계 평가에서 3 이상을 받은 적이 한 번도 없었으니까. 그럼에도 불구하고 학교 선생님들에게는 큰 기대를 받았다. "이 녀석 정말 머리가 뛰어나구나"라는 말을 계속 들을 정도였다. 분명 지금까지 본서에서 소개한 비법들을 무의식적으로 사용했던 탓에 지적으로 보였던 것이 분명하다.

아버지로부터는 "이 녀석, 크면 뭐가 되려나? 분명히 정치가 아니면 사기꾼이 될 거야"라는 말을 들어왔다. 이유는 나의 능글맞은 거짓말 때문이었을 것이다. 결국 작가가 되었지만, 작가나 정치가 모두 사기꾼과 크게 다를 것 없는 특이한 부분들을 가지고 있다는 면에서는 닮은꼴이다. 예컨대 둘 다 자신을 과대 포장해야만 살아남는 직업이 아닌가.

나는 여전히 뻥을 잘 치며 무엇보다도 거짓말쟁이의 버릇을 그대로 보존하고 있다. 아버지의 예상은 맞지도, 그렇다고 틀리지도 않았다.

나는 책을 쓸 때 항상 심리학 논문을 조사하고, 과학적인 실험 데이터를 원용援用한다. 그쪽에는 거짓이 없기 때문이다. 거짓으로 데이터를 꾸며내거나 하는 일은 절대 없으므로 안심하길 바란다.

나는 거짓말쟁이이기는 하나 사기를 치는 일은 없다. 원래 겁쟁이라서 많은 사람들을 속일 정도의 거짓말은 하지 못한다.

거짓말을 할 거라면, 문제가 되지 않을 정도까지만 선을 긋고 지켜야 한다. 이건 무척 중요한 부분이기도 하다. 거짓말의 달인이라고 자칭하는 내가 밝히는 것이기 때문에 틀림없다. 들켰을 때 일이

커질 만한 거짓말을 해서는 안 된다. 들키더라도 해가 되지 않는, 전혀 남에게 지장을 주지 않는 거짓말, 농담 같은 거짓말이어야 한다. 그저 주위 사람들을 즐겁게 해줄 정도면 충분하다.

가끔 나의 책을 오해하는 사람들이 있다. "나이토 요시히토는 '상대방의 등을 발로 걷어차서라도 전진하라'고 한다", "나이토 요시히토는 '마음에 들지 않으면, 전부 한 방에 날려버려라'고 하더라" 등등. 인터넷 비즈니스 사이트나 블로그에 이런 식으로 나를 비판하는 글이 올라온다. 잡지에도 이와 비슷한 글이 실린 적이 있었다.

그러나 여기서 확실하게 단언하건대, 나는 그런 표현을 한 적이 없다. '한 방 날려버릴 정도의 기분'으로라든가 이것과 비슷한 표현을 한 적은 있을 수 있으나, 비판을 받을 만한 과격한 거짓말은 성격상 입에 담았을 리가 만무하다.

본서를 읽고 난 이들에게 내가 사람들을 속이는 비법을 전수하는 악덕 심리학자라는 말을 듣지 않기 위해서라도, 그리고 심각한 곡해를 받지 않기 위해서라도 여기서 확실하게 짚고 넘어가려고 한다. 나는 세상에 널려 있는 거짓말이나 위장이 전부 옳다고 말하는 것이 아니다. 가짜 명함을 만들어라, 경찰복을 손에 넣어라 등과 같은 방법들을 제시한 적은 절대 없다.

어디까지나 용서되는 범위 안에서 '지성의 위장'을 권장해왔을 뿐이므로 당신도 이 점은 반드시 지켜주길 바란다.

마지막으로, 본서를 집필하기까지 가와데쇼보신샤의 하츠카노 다케시 씨에게 여러 가지로 많은 도움을 받았다. 이 지면을 통해 감사의 마음을 표한다. 처음에는 성실한 '공부 방법'에 관한 책을 쓸 생각이었는데 마음대로 주제 방향을 틀어버린 탓에 결국 '처세술'이 되고 말았다. 공부 방법에 관한 책은 널려 있지만 본서와 같은 책은 별로 없으니까. 그런 나의 고집스런 변덕마저도 흔쾌히 받아주셨던 하츠카노 씨에게는 정말 어떻게 감사해야 할지 모르겠다.

또한 당신에게도 감사의 말씀을 올린다. 나는 아직까지 서점에서 나의 책을 사는 분들과 한 번도 부닥쳐본 적이 없다. 혹시 그런 날이 온다면 꼭 감사의 말씀을 전하고 싶다. 그러나 아직 그런 행운과 마주한 적이 없으니 솔직히 아쉽기만 하다.

그렇기 때문에 이 자리를 빌려 인사할 수밖에 없는 것이 못내 안타깝다. 나의 진솔한 마음은 나의 독자 모두를 직접 만나서 손을 꼭 잡고 머리를 숙이고 싶은 심정이다.

독자 여러분, 마지막까지 함께해주셔서 진심으로 고맙습니다.

2007년 4월
나이토 요시히토

<참고 문헌>

- Ambady.N., & Rosenthal, R. 1993 Half a minute: Predicting teacher evaluations from thin slices of nonverbal behavior and physical attractiveness. Journal of Personality and Social Psychology, 64, 431-441.

- Bachtold. L.M., & Werner, E. E. 1973 Personality characteristics of creative women. Perceptual and Motor Skills, 36, 311-319.

- Bates,T.C. 2005 Auditory inspection time and intelligence. Personality and Individual Differences, 38, 115-127.

- Berkley,S. 199 Speak to influence Campbell Hall Press.

- Brownlow, S., & Reasinger, R. D. 2000 Putting off until tomorrow what is better done today: Academic procrastination as a function of motivation toward college work. Journal of Social Behavior and Personality, 15, 15-34.

- Buss.D.M., & Barnes, M. 1986 Preferences in human mate selection. Journal of Personality and Social Psychology, 50, 559-570.

- Crutchfield,R.S. 1955 Conformity and character. American Psychologist, 10, 191-198.

- Dijksterhuis.A., & Knippenberg, A. van. 1998 The relation between perception and behavior, or how to win a game of trivial pursuit. Journal of Personality and Social Psychology, 74, 865-877.

- Eagly.A.H., & Warren, R. 1976 Intelligence, comprehension, and opinion change. Journal of Personality, 44, 226-242.

- Einhorn,H.J. 1974 Expert judgments: Some necessary conditions and an example. Journal of Applied Psychology, 59, 562-571.

- Feldstein.S., Dohm, F. A., & Croun, C. L. 2001 Gender and speech rate in the perception of competence and social attractiveness. Journal of Social Psychology, 141, 785-806.

- Frick,R.W. 1992 Interestingness. British Journal of Psychology, 83, 113-128.

- Friedman.H.S., Tucker, J. S., Keasey, C. T., Schwartz, J. E., Wingard, D.L., & Criqui, M.H. 1993 Does childhood personality predict longevity? Journal of Personality and Social Psychology, 65, 176-185.

- Furnham, A., Kidwai, A., & Thomas, C. 2001 Personality, Psychometric intelligence and self-estimated intelligence. Journal of Social Behavior and Personality, 16, 97-114.

- Guardo,C.J. 1976 Personal space, sex differences and interpersonal attraction. Journal of Psychology, 92, 9-14.

- Hamid, P.N. 1972 Some effects of dress cues on observational accuracy, a perceptual estimate, and impression formation. Journal of Social Psychology, 86, 279-289.

- 이치무라 소이치 1985 승리하기 위한 「골프의 심리학」 PHP 문고

- 이다사카 겐 1998 「인생」의 시간을 여유롭게 보내는 방법 PHP 문고

- Howard, J.L., & Ferris, G. R. 1996 The employment interview context: Social and situational influences on interviewer decisions. Journal of Applied Social Psychology, 26, 112-136.

- Humphrey, R. 1985 How work roles influences perception: Structural cognitive processes and organizational behavior. American Sociological Review, 50, 242-252.

- Jellison.J.M., & Riskind, J. 1970 A social comaprison of abilities interpretation of risk-taking behavior. Journal of Personality and Social Psychology, 15, 375-390.

- Kiewra.K.A., DuBois, N. F., Christian, D., Mcshane, A., Meyerhoffer, M., & Roskelley, D. 1991 Note-taking funcitons and techniques. Journal of Educational Psychology, 83, 240-245.

- Kohn.M.L., & Schooler, C. 1978 The reciprocal effects of the substantive complexity of work and intellectual flexibility: A longitudinal assessment. American Journal of Sociology, 84, 24-52.

- Kowalski, R.M., & M.R.Leary(안도 키요시 · 탄노 요시히코 / 감수, 공역) 2001 임상 사회심리학의 진보 키타오오지쇼보

- Lawson,E.D. 1971 Hair color, personality, and the observer. Psychological Reports, 28, 311-322.

- Lerner.R.M., Knapp,J.R., & Pool,K.B. 1974 Structure of body-build stereotypes: A methodological analysis. Perceptual and Motor Skills, 39, 719-729.

- Lord.R.G., DeVader,C.L., & Alliger,G.M. 1986 A meta-analysis of the relation between personality traits and leadership perceptions: An application of validity generalization procedures. Journal of Applied Psychology, 71, 402-410.

- McClintock.C.G., & Liebrand, W.B.G. 1988 Role of interdependence structure, individual value orientation, and another's strategy in social decision making: A transformational analysis. Journal of Personality and Social Psychology, 55, 396-409.

- McRorie.M., & Cooper, C. 2004 Psychomotor movement and IQ. Personality and Individual Differences, 37, 523-531.

- Medvec.V.H., Madey, S.F., & Gilovich, T. 1995 When less is more: Counterfactual thinking and satisfaction among Olympic medalists. Journal of Personality and Social Psychology, 69, 603-610.

- Moore,R.S. 2005 The sociological impact of attitudes toward smoking: Secondary effects of the demarketing of smoking. Journal of Social Psychology, 145, 703-718.

- 나리카와 토요히코 2001 모든 시험을 통과해버리는 합격의 법칙 지적 삶을 추구하는 문고 미카사쇼보

- Palmer,L.K. 1995 Effects of a walking program on a attributional style, depression, and self-esteem in women. Psychological Reports, 81, 891-898.

- Regan,P. 2003 The Mating Game. Sage Publications.

- Rolfhus.E.L., & Ackerman, P.L. 1999 Assessing individual differences in knowledge: knowledge, intelligence and related traits. Journal of Educational Psychology, 91, 511-526.

- Rosenfeld,P., Robert, A., Giacalone., & Catherine A Riordan. 2002 Impression Management. Thomson Learning.

- Rudman.L.A. 1998 Self-promotion as a risk factor for women: The costs and benefits of counterstereotypical impression management. Journal of Personality and Social Psychology, 74, 629-645.

- Sara.S., & Otta,E. 2001 Different types of smiles and laughter in preschool children. Psychological Reports, 89, 547-558.

- Senko.C., & Harackiewicz,J.M. 2005 Achievement goals, task performance, and interest: Why perceived goal difficulty matters. Personality and Social Psychology Bulletin, 31, 1739-1753.

- Shanteau,J. 1988 Psychological characteristics and strategies of expert decision makers. Acta Psychologica, 68, 203-215.

- Smith.S.M., McIntosh, W. D., & Bazzini, D. G. 1999 Are the beautiful good in Hollywood? An investigation of the beauty-and-goodness stereotype on film. Basic and Applied Social Psychology, 21, 69-80.

- Sokal,A.,& Bricmont,J(타자키 하루아키 그 외 공역) 2005 「지성」의 기만 이와나미쇼텐

- Sternberg,R.J. 1981 Intelligence and nonentrenchment. Journal of Educational Psychology, 73, 1-16.

- 스즈무라 유 1986 「텔레비전 보고 난 다음에는 공부하라」 시죠칸

- Vonk,R. 1998 The slime effect: Suspicion and dislike of likeable behavior toward superiors. Journal of Personality and Social Psychology, 74, 849-864.

- Wilson,P.R. 1968 Perceptual distortion of height as a function of ascribed academic status. Journal of Social Psychology, 74, 97-102.

지은이 · 나이토 요시히토 | 옮긴이 · 황정순
펴낸이 · 박은서 | 펴낸곳 · **새론북스**
편집 · 송이령, 김선숙 | 마케팅 · 권영제
주소 · (412-820) 경기도 고양시 덕양구 토당동 836-8 칠성빌딩 301호
TEL · (031) 978-8767 | FAX · (031) 978-8769
http://www.jubyunin.co.kr | myjubyunin@naver.com
· 초판 1쇄 인쇄일 | 2009년 4월 30일 · 초판 1쇄 발행일 | 2009년 5월 5일
ⓒ 새론북스
ISBN 978-89-93536-05-8(03320)
*책값은 표지에 있습니다. 잘못 만들어진 책은 바꾸어 드립니다.